中华人民共和国行业推荐性标准

特大跨径公路桥梁施工测量规范

Specifications for Long-span Highway Bridge Construction Survey

JTG/T 3650-02—2019

主编单位：江苏省交通工程建设局
批准部门：中华人民共和国交通运输部
实施日期：2019 年 09 月 01 日

人民交通出版社股份有限公司

律师声明

本书所有文字、数据、图像、版式设计、插图等均受中华人民共和国宪法和著作权法保护。未经人民交通出版社股份有限公司同意,任何单位、组织、个人不得以任何方式对本作品进行全部或局部的复制、转载、出版或变相出版。

任何侵犯本书权益的行为,人民交通出版社股份有限公司将依法追究其法律责任。

有奖举报电话:(010)85285150

北京市星河律师事务所
2017 年 10 月 31 日

图书在版编目(CIP)数据

特大跨径公路桥梁施工测量规范:JTG/T 3650-02—2019 / 江苏省交通工程建设局主编. — 北京:人民交通出版社股份有限公司,2019.7

ISBN 978-7-114-15634-2

Ⅰ. ①特… Ⅱ. ①江… Ⅲ. ①特大桥—公路桥—桥梁测量—技术规范—中国 Ⅳ. ①U448.14-65

中国版本图书馆 CIP 数据核字(2019)第 122555 号

标准类型: 中华人民共和国行业推荐性标准
标准名称: 特大跨径公路桥梁施工测量规范
标准编号: JTG/T 3650-02—2019
主编单位: 江苏省交通工程建设局
责任编辑: 吴有铭 丁 遥
责任校对: 张 贺
责任印制: 张 凯
出版发行: 人民交通出版社股份有限公司
地　　址: (100011)北京市朝阳区安定门外外馆斜街 3 号
网　　址: http://www.ccpress.com.cn
销售电话: (010)59757973
总 经 销: 人民交通出版社股份有限公司发行部
经　　销: 各地新华书店
印　　刷: 北京市密东印刷有限公司
开　　本: 880×1230　1/16
印　　张: 9.25
字　　数: 205 千
版　　次: 2019 年 7 月　第 1 版
印　　次: 2019 年 7 月　第 1 次印刷
书　　号: ISBN 978-7-114-15634-2
定　　价: 80.00 元

(有印刷、装订质量问题的图书,由本公司负责调换)

中华人民共和国交通运输部

公 告

第 37 号

交通运输部关于发布
《特大跨径公路桥梁施工测量规范》的公告

现发布《特大跨径公路桥梁施工测量规范》(JTG/T 3650-02—2019),作为公路工程行业推荐性标准,自 2019 年 9 月 1 日起施行。

《特大跨径公路桥梁施工测量规范》(JTG/T 3650-02—2019)的管理权和解释权归交通运输部,日常解释和管理工作由主编单位江苏省交通工程建设局负责。

请各有关单位在实践中总结经验,及时将发现的问题和修改建议函告江苏省交通工程建设局(地址:江苏省南京市石鼓路 69 号,邮政编码:210004)。

特此公告。

中华人民共和国交通运输部
2019 年 5 月 27 日

前　言

根据交通运输部交公路发〔2014〕87号《关于下达2014年度公路工程行业标准制修订项目计划的通知》的要求，由江苏省交通工程建设局承担《特大跨径公路桥梁施工测量规范》的制定工作。

本规范制定缘由：现代测绘的新仪器、新技术、新方法在国内跨江河（海）、高山峡谷等特大跨径公路桥梁的施工中已取得了广泛应用和不断完善。为适应特大跨径公路桥梁施工测量发展水平，制定特大跨径公路桥梁施工测量统一的技术标准和质量评价依据。

本规范编制的指导思想：突出桥梁施工测量技术内容的全面性、实用性、可操作性、针对性和先进性，适应现代桥梁建设和测绘技术发展的趋势。规范编制遵循下列原则：1）充分吸纳国内已有跨江河（海）、高山峡谷等现代特大跨径公路桥梁施工测量成熟经验，保证规范内容实用可靠。2）正确运用施工测量理论与方法，合理采用施工测量技术依据；条文表述准确清晰，易于理解，便于使用。3）保持与现行公路工程行业和测绘行业的相关技术规范、标准相一致。4）全面归纳总结国内已有的各类区域特大跨径公路桥梁施工测量主要技术问题，保证规范条文的针对性和适用性。5）充分吸纳国内新建的特大跨径公路桥梁施工测量所采用的新方法、新技术、新工艺，确保规范内容的先进性。主要技术内容包括建立桥梁各等级施工控制网、桥梁结构的施工测量、桥梁变形测量、交工测量和资料管理等方面的技术内容、程序、方法、指标要求。

本规范章的结构：第1章总则，第2章术语和符号，第3章平面控制测量，第4章高程控制测量，第5章施工测量的基本工作，第6章桥梁施工测量，第7章桥梁变形测量，第8章交工测量，第9章资料管理和附录A～附录K。

本规范由冯兆祥、郑德华负责起草第1、2、3章，蒋振雄、阮静、岳东杰负责起草第4、5、6章，刘志强、秦正学、刘金平负责起草第7、8、9章，顾碧峰、姜竹生、张向群、李桂华负责起草附录。

请各有关单位在执行过程中，将发现的问题和意见函告本规范日常管理组，联系人：李桂华（地址：江苏省南京市石鼓路69号，邮政编码：210004；电话：025-83786961，传真：025-83787234；电子邮箱：lgh82911@163.com），以便修订时参考。

主　编　单　位：江苏省交通工程建设局
参　编　单　位：河海大学
　　　　　　　　中交第二航务工程局有限公司
　　　　　　　　江苏省交通运输厅工程质量监督局

主　　　编：冯兆祥
主要参编人员：郑德华　蒋振雄　阮　静　岳东杰　刘志强
　　　　　　　秦正学　刘金平　顾碧峰　姜竹生　张向群
　　　　　　　李桂华

主　　　审：李明峰
参与审查人员：钟建驰　吉　林　吴迪军　曾旭平　庄小刚
　　　　　　　傅新军　邓喀中　史玉峰　李汝晓

目　次

- 1 总则 ·· 1
- 2 术语和符号 ·· 4
  - 2.1 术语 ·· 4
  - 2.2 符号 ·· 6
- 3 平面控制测量 ·· 8
  - 3.1 一般规定 ·· 8
  - 3.2 卫星定位测量 ··· 13
  - 3.3 三角形网测量 ··· 19
  - 3.4 内业计算 ·· 29
  - 3.5 资料提交 ·· 34
- 4 高程控制测量 ·· 35
  - 4.1 一般规定 ·· 35
  - 4.2 水准测量 ·· 38
  - 4.3 跨河水准测量 ··· 43
  - 4.4 GNSS 拟合高程测量 ··· 50
  - 4.5 内业计算 ·· 52
  - 4.6 资料提交 ·· 55
- 5 施工测量的基本工作 ·· 56
  - 5.1 一般规定 ·· 56
  - 5.2 放样数据的准备 ·· 57
  - 5.3 平面坐标放样方法 ·· 58
  - 5.4 高程放样方法 ··· 60
  - 5.5 立模放样 ·· 60
  - 5.6 金属结构安装测量 ·· 63
- 6 桥梁施工测量 ·· 67
  - 6.1 一般规定 ·· 67
  - 6.2 桩基础及承台 ··· 68
  - 6.3 沉井基础 ·· 70
  - 6.4 地下连续墙 ·· 71
  - 6.5 桥墩和索塔 ·· 72
  - 6.6 锚碇及锚固系统 ·· 75

6.7	斜拉桥索道管	77
6.8	悬索桥索鞍	78
6.9	悬索桥主缆	79
6.10	悬索桥索夹	80
6.11	桥面	81
6.12	支座和伸缩缝	83

7 桥梁变形测量 85
   7.1 一般规定 85
   7.2 变形测量点的选点与埋设 88
   7.3 水平位移测量 90
   7.4 垂直位移测量 92
   7.5 数据处理与变形分析 93

8 交工测量 96
   8.1 一般规定 96
   8.2 下部结构 97
   8.3 上部结构 100
   8.4 总体交工测量 101
   8.5 资料整编 102

9 资料管理 104
   9.1 一般规定 104
   9.2 资料整理与归档 105
   9.3 资料管理程序 106

附录 A 测量桩点的基础处理 108
附录 B 测量墩标 111
附录 C 悬挂钢尺传高法和全站仪精密传高法 113
附录 D 放样方法的精度估算 116
附录 E 自由设站测量 123
附录 F 跨河水准测量照准标志 125
附录 G GNSS RTK 放样 128
附录 H CORS 系统运行测试 131
附录 J 关于坐标系统和高程基准的定义及转换 134
附录 K 测量仪器高、觇标高的精密方法 136

本规范用词用语说明 138

1 总则

1.0.1 为适应桥梁施工和测绘技术发展水平，统一特大跨径公路桥梁施工测量技术要求，保证测量成果质量满足工程建设需要，按安全可靠、技术先进、经济合理、便于实施的原则，制定本规范。

条文说明

随着我国经济的飞速发展和科技水平的迅速提高，国内建设的现代大型桥梁规模日益增大、桥梁跨径越来越长。测绘新仪器、新技术、新方法在特大跨径公路桥梁施工测量中得到广泛应用和不断完善。本规范根据近年来特大跨径公路桥梁施工测量中应用的成熟实践经验和研究成果，制定统一的施工测量技术标准，为桥梁施工提供安全可靠的测量保障，同时体现技术先进、经济合理、便于实施的原则。

1.0.2 本规范适用于单孔跨径大于150m的缆索承重公路桥梁施工测量。

条文说明

现行《公路桥涵设计通用规范》（JTG D60）中对桥梁分类标准采用了两项指标——多孔跨径总长和单孔跨径；前者反映桥梁建设规模，后者反映桥梁施工技术复杂难度。本规范的制定主要针对施工技术相对复杂，对施工测量保障要求相对较高的特大跨径公路桥梁。由于现行规范中对于特大跨径公路桥梁单孔跨径大小尚无明确划分标准，因此本规范参照现行《公路桥涵设计通用规范》（JTG D60）有关特大桥单孔跨径的标准，并结合近年来特大桥建设实际情况，确定相关施工测量技术规定的适用对象为单孔跨径大于150m的公路桥梁。

随着大跨径桥梁设计和施工水平的提高，在国内大跨度桥梁建设中，越来越多地采用大跨径斜拉桥和悬索桥的结构形式。缆索结构桥梁具备跨越能力强、技术先进、经济实用的特点，近年来长距离跨越江河（海）、高山峡谷的特大跨径缆索结构桥梁建设得到快速发展。本规范的制定主要在对国内众多已完成的特大跨径斜拉桥和悬索桥施工测量成熟技术梳理和总结的基础上完成。本规范所适用的桥梁结构类型限定为缆索结构，可作为其他桥梁结构类型（如拱桥）的技术参考。

1.0.3 施工阶段的测量工作应包括下列内容：

1 根据桥梁工程施工总体布置图和有关测绘资料，布设施工控制网。单位工程或重要的分部、分项工程，应根据施工任务编制施工测量专项方案。

2 针对各施工阶段的要求，进行施工控制网复测和加密、建（构）筑物的放样及其检查工作。

3 按照设计文件要求及建（构）筑物变形的特点，埋设外部变形监测设施，并进行施工期监测工作。

4 单项工程完成时，根据规范和设计要求对重要建（构）筑物及重要隐蔽工程进行交工测量。

条文说明

根据近年来特大跨径公路桥梁施工单位在作业实践中的经验总结，规定桥梁施工各阶段必要的测量工作内容。

1.0.4 本规范以中误差作为衡量精度标准，以 2 倍中误差作为极限误差。

条文说明

测量精度评定标准通常有三种，即中误差、平均误差和或然误差。当观测次数相当大时，用三种标准评定精度都是可靠的；但当观测次数较少时，用中误差评定精度比较可靠，因为它能明显反映出测量中较大误差的影响。因此本规范规定以中误差作为衡量精度的标准。

误差理论和统计表明，大于 2 倍中误差的概率约为 4.6%，大于 3 倍中误差的概率约为 0.3%；在实际工作中，由于观测次数较少，因此取 2 倍中误差作为极限误差。

1.0.5 首级施工平面控制网坐标系统，应分别与建立国家（地方）坐标系统一致的平面坐标系及边长投影变形较小的桥梁工程独立坐标系，并确定相关坐标系之间的换算关系。施工高程系统应与设计阶段采用的高程系统一致；施工高程基准应与国家水准点联测，且联测精度不低于首级高程控制网的等级要求。

条文说明

桥梁规划设计阶段依据已有的控制测量成果和测绘资料进行勘察设计，所以施工测量工作需要与设计阶段采用的平面坐标及高程系统一致。建立桥梁工程独立坐标系主要是为了方便施工放样及检查。高程控制网与国家水准点联测是为了提供桥梁施工所需要的高程基准，只有当联测精度不低于本工程首级高程控制网的等级时，才能满足桥梁施工对高程基准的要求。

1.0.6 局部建（构）筑物中一些工程部位相对施工精度要求较高时，可单独建立高精度的局部施工控制网。施工控制网宜结合实际情况进行专项设计。

条文说明

在特大跨径公路桥梁施工中，一些工程部位或局部建（构）筑物的相对精度要求较高，如索塔的钢锚箱拼接、斜拉桥的索道管安装、悬索桥的索鞍安装等。以上情况可单独建立高精度的局部施工控制网。桥梁设计、施工对测量精度有明确要求的，需结合实际情况进行施工控制网专项设计。

1.0.7 施工测量使用的各种测量、物理、气象仪器设备，应定期经法定计量认证检验机构检定检验。

条文说明

在测量仪器及相关设备进行定期维护保养的基础上，需要定期送法定计量认证检验机构检定检验，保证仪器和设备的完好率，从而不致影响施工测量作业、延误工期，保证测量成果质量。

1.0.8 工程建设各阶段施工测量结束后，应及时提交成果，进行检查验收并编写施工测量技术报告。有条件的施工测量管理部门，宜建立桥梁测绘信息管理系统。

条文说明

工程建设各阶段测量成果是指根据建设项目划分的单位工程、分部工程、分项工程完成后需要提交的成果。针对桥梁施工测量成果缺乏标准化、科学化、规范化的现状，提出施工测量成果管理的要求。根据特大跨径桥梁施工管理的发展趋势，鼓励有条件的桥梁建设及施工单位建立桥梁测绘信息管理系统。

1.0.9 特大跨径公路桥梁施工测量应积极稳妥地采用测绘新仪器、新技术和新方法，并应经实践验证且满足本规范精度要求。

1.0.10 特大跨径公路桥梁施工测量除应符合本规范的规定外，尚应符合现行国家和行业相关标准的规定。

2 术语和符号

2.1 术语

2.1.1 施工控制网 construction control network
为工程施工放样等测量工作提供统一基准而布设的测量控制网。

2.1.2 施工放样 construction layout
工程施工时，将设计的建（构）筑物平面、高程测设到实地的测量工作。

2.1.3 高程传递 elevation transference
工程施工时，根据已知点高程，用测量仪器测量并计算点间高差，将高程传递到待测点并做出标记的测量工作。

2.1.4 基准点 datum point
在施工测量中，作为测量工作基点及其他测量依据的稳定可靠点。

2.1.5 工作基点 operating control point
工程施工测量时，作为直接测定观测点的较稳定控制点。

2.1.6 放样点 setting-out point
根据设计图上的位置，通过测量工作在实地标定出的测量点。

2.1.7 监测点 monitoring point
埋设在监测部位的测量点，点位能够反映监测对象特征部位的变形。

2.1.8 安装测量 installation survey
为桥梁施工构件或设备的安装所进行的测量工作。

2.1.9 变形测量 deformation survey
在桥梁建设阶段，对桥梁构筑物的水平位移、垂直位移、倾斜、挠度等变形量进行的测量。

2.1.10 交工测量 delivery survey
编制工程交工资料前,对实际完成的各项工程进行的全面测量工作。

2.1.11 全球导航卫星系统 Global Navigation Satellite System(GNSS)
利用卫星信号实现全球导航定位的系统总称。

2.1.12 卫星定位测量 GNSS positioning
利用两台或两台以上GNSS接收机同时接收多颗定位导航卫星信号,确定地面点绝对位置或点间相对位置的测量方法。

2.1.13 GNSS RTK 测量 GNSS Real-Time Kinematic positioning
使用由基准站、移动站及RTK数据链组成的实时相位差分定位测量系统,通过移动站实时接收GNSS定位信息,并按基准站发送的RTK差分数据进行修正,获得三维定位坐标的测量方法。

2.1.14 卫星定位连续运行参考站 Continuous Operational Reference Stations (CORS)
以若干卫星定位参考站组成的网络为基础,利用现代通信技术,由数据处理中心为桥梁施工提供高精度实时定位和多种信息的综合服务系统。

2.1.15 0.5″(1″、2″)级仪器 instrument at the level of 0.5″(1″、2″)
一测回水平方向中误差标称为0.5″(1″、2″)的测角仪器,包括全站仪、电子经纬仪、光学经纬仪等。

2.1.16 三角形网 triangulation network
由一系列连接三角形构成的测量控制网,它是测角网、测边网、边角网的统称。

2.1.17 2000国家大地坐标系 China Geodetic Coordinate System 2000 (CGCS2000)
我国自2008年7月1日启用的国家大地坐标系。该坐标系是由国家建立的高精度、动态、实用、统一的地心大地坐标系,其原点为包括海洋和大气的整个地球的质量中心。

2.1.18 优先墩 pier constructed in priority
为满足宽阔水域(跨海)施工测量的平面控制和高程贯通测量需要,在水中间隔一定距离且首先安排进行基础施工的桥墩。

2.1.19 GNSS 拟合高程测量 GNSS elevation fitting survey
在区域范围的卫星定位网中,用几何水准测量方法联测若干GNSS点的正常高,根据公共点的平面坐标和高程异常，采用数值拟合方法求得各点高程异常，从而由 GNSS 大地高计算正常高的方法。

2.1.20 距离差分法测量　distance difference survey

在距离测量时，为了削弱气象改正误差、仪器固定误差及其他系统误差的影响，采用高精度全站仪测量两基准点的距离求解系统误差改正数，实现对测量距离改正的测量方法。

2.1.21 内控法测量　internal control survey

在建（构）筑物基础平面设置轴线控制点并预埋标志，采用投点法通过施工预留孔将轴线控制点测设到建（构）筑物任意高程面上的测量方法。

2.1.22 垂度测量　cable sag survey

在悬索桥主缆的架设过程中，对基准索股的绝对垂度和一般索股的相对垂度测量。

2.1.23 线形测量　geometry survey

桥梁施工过程中，对桥面纵轴线或架设完悬索桥主缆后的几何形状进行的测量工作。

2.1.24 索塔周日变形测量　cable tower daily deformation survey

通过连续观测桥梁索塔受日照、气温、风压等荷载作用下发生的变形量，获取索塔 24h 周期性变化规律的测量工作。

2.2 符号

a——固定误差；
b——比例误差系数；
d——各边往返测水平距离的较差；
H——高程；
h——高差；
K——大气折光系数；
M_Δ——每千米观测高差偶然中误差；
M_W——每千米水准测量的全中误差；
m_S——距离观测值的中误差；
m_β——角度观测值的中误差；
m_i——方向观测值的中误差；
N——附合线路或闭合环的个数；

n——测站数、测段数、边数、基线数、三角形个数；

P——观测量的权；

R——地球平均曲率半径；

W——闭合差；

Z——天顶距；

α——坐标方位角、垂直角；

Δ——不符值；

σ——基线长度中误差；

ρ''——常数，206265″；

μ——单位权中误差。

3 平面控制测量

3.1 一般规定

3.1.1 桥梁施工平面控制网的建立，可采用卫星定位测量、三角形网测量、导线测量等方法。

条文说明

根据桥梁施工单位实际应用情况和测绘行业发展现状，平面控制网首级网大多采用GNSS控制网。除美国的GPS系统外，俄罗斯的GLONASS系统、我国的BDS系统及欧盟Galileo系统等相继投入运行，多频组合、多卫星系统集成GNSS定位已成为卫星定位测量技术重要发展方向，故本规范与现行《工程测量规范》（GB 50026）一致，引入卫星定位测量的概念，并将卫星定位测量技术列为桥梁施工平面控制测量的首选方法。随着全站仪的逐渐普及应用，纯粹的测角网、测边网已极少应用。因此，本规范参照现行《工程测量规范》（GB 50026）引入三角形网和三角形网测量的统一概念，是对传统测角网、测边网与边角网的概念综合。需要进一步说明的是，顾及部分桥梁观测环境可能存在难以满足GNSS正常施测的情况，三角形网测量仍作为高精度平面首级控制常用替代方法使用。另外，施工加密控制网中较多采用三角形网、导线网等。桥梁施工平面控制网的建立方法主要可分为卫星定位测量、三角形网测量、导线测量三种形式。

3.1.2 桥梁施工平面控制网的等级，应根据桥梁单孔跨径、跨越宽度合理确定。桥梁施工平面控制网的等级选择应符合表3.1.2的规定。

表3.1.2 桥梁施工平面控制网的等级选择

单孔跨径 D（m）	跨越宽度 S（m）	平面控制网等级	
		首级控制网	施工加密控制网
$D \geqslant 1\,000$	$S \geqslant 1\,000$	二等	二等
$500 \leqslant D < 1\,000$	$500 \leqslant S < 1\,000$	二等	二等、三等
$300 \leqslant D < 500$	$200 \leqslant S < 500$	二等	三等
$150 \leqslant D < 300$	$S < 200$	三等	四等、一级

注：依据"单孔跨径"和"跨越宽度"确定桥梁施工平面控制网的等级时，其中任一项达到表中规定的范围，则应选择对应的平面控制网等级建立。

条文说明

根据对桥梁施工平面控制网建立情况的调研，本规范将桥梁施工平面控制网划分为首级控制网和施工加密控制网两类。对于平面控制网等级，参照现行《工程测量规范》（GB 50026）和《公路勘测细则》（JTG/T C10）中桥梁施工平面控制的有关规定，并结合目前国内特大跨径公路桥梁建设现状，按单孔跨径、跨越宽度综合确定。对于特大跨径公路桥梁结构设计对施工精度有明确要求的，在顾及经济实用原则基础上，工程中通常对其平面控制网的精度等级进行适当调整。

目前，国内已建设完成的特大跨径公路桥梁首级测量控制网或复测网均为二等控制网。实践表明，二等平面控制网作为特大跨径公路桥梁首级控制网，能够满足特大跨径公路桥梁的施工需要。

3.1.3 特大跨径公路桥梁的平面控制测量坐标系，其投影长度变形值应不大于10mm/km，投影分带位置不得选在桥址处。

3.1.4 桥梁施工平面控制网的布设，应遵循下列原则：

1 平面控制网应因地制宜，且适当考虑发展；桥梁邻近有衔接关联工程需与国家或地方高等级控制点进行联测时，应同时考虑联测方案。

2 跨越宽度超过桥梁主跨2倍以上时，应先建立首级平面控制网，并考虑施工加密控制网方案。

3 桥梁施工控制网的布设及等级应首先考虑满足桥梁结构施工精度要求，首级控制网不宜构建附合网，可选择建立以一点一方位为基准的自由网。

4 首级控制网可直接作为施工控制网使用；不能满足施工测设要求时，应在首级控制网的基础上建立施工加密控制网。

5 加密控制网可同等级扩展或越级布设，其布设级数可根据地形条件及放样需要决定，不宜大于2级；增设或补设控制点应采用同精度内插的方法测量。

6 控制网跨越江河（海）、峡谷时，每岸应不少于3点，其中靠近轴线每岸宜布设相互通视2点。

条文说明

桥梁施工控制网的布设及等级首先考虑满足桥梁结构施工精度要求。桥梁邻近有衔接关联工程，需与国家或地方高等级控制点联测，并建立桥梁平面控制测量坐标系统与国家或地方坐标系统间的转换关系。

根据目前国内已建成公路桥梁施工控制网的调研结果，桥梁跨越宽度大于其主跨跨径2倍时，一般在首级平面控制网的基础上需要进行施工加密控制网的布设。

首级控制网一般不选择勘测设计阶段平面控制网的起算点构建附合网，其原因在于勘测设计阶段布设的控制网内符合精度较低，旨在满足测绘相应比例尺地形图的需要，一般不能达到施工控制网的精度要求。

施工控制网在首级平面控制网基础上进行加密时,其加密级不大于 2 级;若超过 2 级,加密点精度一般难以满足施工精度要求。加密点精度不能满足要求时,可纳入全网复测以提高控制点精度。

3.1.5 平面控制网的观测数据处理,宜将观测边长投影到桥梁施工特定的高程面上。

条文说明

桥梁设计提供的建(构)筑物位置往往是未进行高斯投影改正的,故桥梁施工控制网观测资料一般不需要作高斯投影改正。将观测边长投影到桥梁工程所指定的高程面上,是为了统一不同高程面上的边长。

3.1.6 各等级平面控制测量,其最弱点点位中误差均不得大于 20mm,最弱相邻点相对点位中误差均不得大于 10mm。平面控制测量精度要求和桥梁轴线相对中误差应符合表 3.1.6 的规定。

表 3.1.6　平面控制测量精度要求和桥梁轴线相对中误差

测 量 等 级	最弱边长相对中误差	桥梁轴线相对中误差
二等	≤1/100 000	≤1/150 000
三等	≤1/70 000	≤1/100 000
四等	≤1/45 000	≤1/60 000
一级	≤1/20 000	≤1/40 000

条文说明

随着测绘技术的不断发展,采用卫星定位测量技术建立平面控制网,其所能达到的精度较传统方法有了显著提高。国内部分特大跨径公路桥梁施工平面控制网最弱点点位中误差的统计见表 3-1。

表 3-1　国内部分桥梁平面控制网技术指标统计表

桥　　梁	主跨跨径(m)	跨越宽度(km)	最弱点点位中误差(mm)	桥梁轴线相对中误差
苏通大桥	1 088	5.8	4.1	1/6 000 000
润扬大桥	1 490	1.5	1.4	1/1 620 000
	406	0.7		
南京三桥	648	1.6	1.4	1/1 970 000
南京四桥	1 418	2.3	2.2	—

续表 3-1

桥　梁	主跨跨径（m）	跨越宽度（km）	最弱点点位中误差（mm）	桥梁轴线相对中误差
泰州大桥	1 080	2.3	4.2	—
鄂黄大桥	480	1.1	1.2	1/1 900 000
杭州湾大桥	325	32.0	3.0	—
青岛海湾大桥	260	28.8	4.2	—
湛江海湾大桥	480	2.4	1.0	1/3 626 267
平潭海峡大桥	300	3.4	1.8	—

结合上表中统计资料，考虑特大跨径公路桥梁施工高精度要求，本规范将以上两项技术指标限差分别规定为 20mm 和 10mm。

3.1.7 桥梁平面控制网建立后应定期进行复测；首级控制网复测周期应小于 1 年，施工加密网复测周期应小于 6 个月，复测精度应与控制网建立时保持一致；在汛期或雨季过后，严寒地区春季组织施工前，宜进行复测；在大规模基坑开挖、大量降排水、关键施工工序转换前等特定施工状态下，应进行复测。发现控制点明显位移，应根据现场条件及时组织局部或全面复测。

条文说明

特大跨径公路桥梁施工规模大、周期长、受施工影响较大。因此，平面控制网建立后，需要定期进行复测；尤其在建网一年后或大规模基坑开挖、大量降排水、关键施工工序转换前，应进行复测。国内典型特大跨径公路桥梁施工测量经验表明，首级平面控制网复测需要 1 年复测一次，施工加密控制网需要 6 个月复测一次。

3.1.8 控制网技术设计应以精度适宜、便于实施、质量可靠为标准。技术设计工作应在了解桥梁总体布置、工程区域地形特征及施工精度要求的基础上进行，平面与高程控制网的设计应同时考虑。技术设计前应收集下列资料：
1. 施工区及周边区域现有地形图，必要的地质、水文、气象资料；
2. 桥梁总体布置图及有关设计技术文件；
3. 勘测设计阶段已有控制测量资料，包括控制网图、点之记、成果表及技术总结；
4. 有关测量规范、标准及招投标文件资料。

条文说明

本条提出进行平面控制网技术设计的基本准则、需具备的条件和收集的资料。

3.1.9 平面控制网布设前，可按下列程序进行精度估算：

1 在工程设计图上绘制主要桥梁建（构）筑物的轮廓点，对控制点的分布及位置进行初步设计。

2 进行实地踏勘，考虑所选用控制测量方法的技术特点及现场地形条件，确定控制点的概略位置并连接成网。

3 选定控制网的等级和类型，确定各观测量的先验权。

4 采用可靠的控制网优化设计程序，估算各点的点位中误差及误差椭圆参数，结果应满足本规范规定的精度要求。

5 精度不能满足要求时，可调整图形结构、改变网的类型，或提高观测元素的测量精度，并重复3、4款工作，直至满足规定的精度要求。

条文说明

特大跨径公路桥梁对平面控制网的精度要求较高，需充分利用计算机技术，进行优化设计与精度估算，确定既满足施工精度要求又经济合理的控制网实施方案。

对于特大跨径公路桥梁控制网，优化设计有下列特点：

（1）零类设计，即参考系设计。起算数据采用勘测设计阶段一个点的坐标、一条边的方位，构成自由网。这样既能使平面施工控制网的坐标系与勘测设计阶段的坐标系一致，又能保证施工控制网较高的相对精度。

（2）一类设计，即网形设计。在桥梁控制网布设时，由于受工程条件的约束和桥梁跨越宽度的限制，同时还需顾及施工放样的便利，因而点位自由选择的余地较小。在满足点位放样要求的前提下，可适当考虑网形优化。

（3）二类设计，即观测权的设计。二类设计包括各类观测值的精度和权的最佳组合方案等。

特大跨径公路桥梁控制网优化设计的关键是：在方便施工放样的前提下，尽量构成较有利的网形，提高观测元素的精度，使控制网的点位误差达到控制网设计要求。因此，本规范提出了平面控制网布设前需要结合特大跨径公路桥梁控制网的特点考虑优化设计，并不强调按精度准则、可靠性准则和费用准则严格进行设计工作。

3.1.10 应根据实地选点和精度估算结果，编写控制网技术设计书。技术设计书应包括下列内容：

1 工程概况和对已有控制测量资料的评价和利用情况的说明；

2 控制网设计图、建立方法、施测等级及精度；

3 采用的坐标系统和主要技术依据；

4 测量标志规格及埋设要求；

5 采用的仪器、设备、观测方法以及新技术的应用；

6 施测计划和进度表；

7 质量保证措施和要求；

8 上交资料清单。

3.2 卫星定位测量

3.2.1 卫星定位平面控制网应依次分为二等、三等、四等和一级。卫星定位平面控制网等级的选择应符合表3.1.2的规定。

条文说明

卫星定位平面控制网等级分为四个等级，等级选择根据桥梁跨越宽度、单孔跨径大小合理确定。采用卫星定位测量技术建立首级平面控制网的等级，需要符合表3.1.2的规定。四等及以下卫星定位平面控制网仅作为加密施工控制网使用。

3.2.2 卫星定位平面控制网主要技术指标应符合表3.2.2的规定。

表3.2.2 卫星定位平面控制网主要技术指标

等 级	固定误差 a（mm）	比例误差系数 b（mm/km）	约束点间的边长相对中误差	约束平差后最弱边相对中误差
二等	≤5	≤1	≤1/250 000	≤1/180 000
三等	≤5	≤1	≤1/180 000	≤1/100 000
四等	≤5	≤2	≤1/100 000	≤1/70 000
一级	≤10	≤2	≤1/70 000	≤1/40 000

注：基线边长小于500m时，二、三等边长中误差应小于5mm，四等边长中误差小于6mm，一级边长中误差应小于11mm。

条文说明

卫星定位平面控制网主要技术要求，是在充分考虑GNSS测量精度高、布网灵活性强以及相邻等级网的布网、测量方法和观测时间差异不大的前提下，根据特大跨径公路桥梁施工对测量精度的要求确定的。

各等级控制网精度指标的规定，主要参照现行《高速铁路工程测量规范》（TB 10601）中有关复杂特大桥施工控制测量的要求及目前已完成的特大跨径公路桥梁施工测量实践经验综合确定。用于计算基线长度中误差的固定误差限差值与现行《工程测量规范》（GB 50026）和《公路勘测细则》（JTG/T C10）中的规定一致；顾及国内特大跨径公路桥梁建设发展，其跨越宽度越来越大，平面施工控制网边长也随之增大，因此将三等网比例误差系数提高至1mm/km，将四等、一级网比例误差系数提高至2mm/km。对于参与特大跨径公路桥梁施工测量单位，所配备的GNSS接收机标称精度一般均能达到上述要求。约束点间的边长相对中误差和约束平差后最弱边边长相对中误差的限差要求均高于现行《工程测量规范》（GB 50026）的有关规定，主要是根据近年来特大跨径公路桥梁施工测量的实践总结得出的。近年来，国内部分桥梁GNSS测量精度统计见表3-2。

表 3-2 国内部分桥梁 GNSS 测量精度统计表

桥　　梁	主跨跨径（m）	跨越宽度（km）	约束平差后 最弱边相对中误差
苏通大桥	1 088	5.8	1/350 000
润扬大桥	1 490	1.5	1/540 000
	406	0.7	
南京三桥	648	1.6	1/510 000
南京四桥	1 418	2.3	1/423 191
泰州大桥	1 080	2.3	1/800 000
鄂黄大桥	480	1.1	1/490 000
杭州湾大桥	325	32.0	1/1 000 000
青岛海湾大桥	260	28.8	1/316 000
湛江海湾大桥	480	2.4	1/144 054
平潭海峡大桥	300	3.4	1/1 241 000
云南龙江大桥	1 196	1.1	1/140 000
湖南矮寨大桥	1 176	1.3	—

3.2.3 卫星定位平面控制网基线长度中误差，可按式（3.2.3）计算：

$$\sigma = \sqrt{a^2 + (b \cdot D)^2} \tag{3.2.3}$$

式中：σ——基线长度中误差（mm）；

　　　a——固定误差（mm）；

　　　b——比例误差系数（mm/km）；

　　　D——平均边长（km）。

条文说明

相邻点的基线长度中误差计算公式主要参照现行《工程测量规范》（GB 50026）和《公路勘测细则》（JTG/T C10）中关于基线精度计算的描述，式中的固定误差 a 和比例误差系数 b，与接收机厂家给出的精度公式中的 a、b 含义相似。基线长度中误差公式主要应用于控制网的设计和外业观测数据的检核。

3.2.4 卫星定位平面控制网技术设计应符合下列规定：

1 应根据测区的地形、地质、交通条件，桥梁长度、结构、施工精度要求，卫星观测可视条件，接收机的类型和数量及测区已有测量资料进行综合设计，并编制技术设计书。

2 首级网布设时，宜与测区邻近的 2 个以上高等级控制点联测。

3 控制网中独立基线观测总数不宜少于必要观测基线数的 1.5 倍，且应由独立观测边构成闭合环，边数不宜多于 6 条；网中不应出现自由基线。

4 建立桥梁施工坐标系时，宜根据测区的平均经纬度及平均高程确定区域椭球参数和投影方式，建立方便桥梁施工的独立坐标系。三等以下控制网亦可采用国家坐标系。

5 首级控制网直接作为施工控制网或需要采用常规测量方法进行加密时，控制网点应与周围控制点有 1~2 方向通视。

条文说明

卫星定位测量控制网布设的技术要求：

（1）卫星定位平面控制网的技术设计是一个综合设计的过程，首先需要明确桥梁工程对控制网的基本精度要求，然后才能确定控制网或首级控制网的基本精度等级。最终精度等级的确定需要综合考虑测区现有测绘资料的精度情况、接收机的类型和数量、定位卫星的健康状况和可视条件、测区的地质、地形、交通条件等因素，编制技术设计书。

（2）由于卫星定位测量所获得的是空间基线向量或三维坐标向量，属于其相应的大地坐标系（如 CGCS2000、WGS-84 坐标系），故需将其转换至国家坐标系或桥梁施工坐标系方能使用。为了实现这种转换，要求联测若干个旧有控制点以求得坐标转换参数，故规定联测 2 个以上高等级国家平面控制点或勘测设计坐标系的高等级控制点。

（3）各等级控制网中独立基线观测总数的规定主要参照现行《工程测量规范》（GB 50026）要求确定。由于卫星定位测量受到各种因素的影响，有可能产生粗差和各种随机误差。因此，要求由非同步独立观测边构成闭合环或附合路线，就是为了对观测成果进行质量检查，以保证成果可靠并恰当评定精度。独立观测边所构成闭合环的边数的规定主要参照现行《工程测量规范》（GB 50026）的要求确定。闭合环边数达到 6 条以上时，不管网形规模多大，都无法满足网的平均可靠性指标为 1/3 的要求。即如果异步环中独立基线数过多，将导致这一局部的相关观测基线可靠性降低。

（4）需将 GNSS 空间坐标系转换到桥梁施工坐标系，桥梁施工坐标系一般分为国家坐标系和桥梁施工坐标系。桥梁施工坐标系是在确定最佳区域椭球和选择最佳投影的独立基准下，建立以桥轴线经度作为中央子午线和平均高程面为投影面的工程独立坐标系。

（5）卫星定位测量控制点之间原则上不要求通视，但顾及使用其他测量仪器对控制网进行加密或扩展时的需要，故提出控制网布设时要求每个点至少与一个以上的相邻点通视。

3.2.5 选点与埋石应符合下列规定：

1 根据桥梁建设的要求，收集测区范围内已有的国家等级控制点和勘测设计阶段已有的控制点资料。

2 搜集测区范围内有关的地形、地质、交通、气象、供电、通信及测区总体建设规划和近期发展等方面的资料。

3 卫星定位测量控制点点位选择，应符合下列要求：

1）点位周围视野开阔，高度角15°以上范围无明显障碍物，且应远离大功率无线电发射源、高压输电线等强干扰源，其距离不小于200m。

2）点位处地质条件稳定，附近无强烈反射卫星信号的物体。

3）站址选择应便于接收设备安置和操作，且需避开局部环境（地形、地貌、植被等）与周围大环境差异较大的区域。

4）相邻点间距离最大不宜超过该网平均点间距的2倍；距桥轴线垂直距离最大不宜超过该网的最大边长；同岸侧点位应均匀分布。

5）点位布设应便于采用常规测量方法加密或扩展，且需顾及作为RTK参考站使用时的图形分布与位置。

6）利用测区已有控制点时，应对其稳定性、可靠性和完好性进行检查，符合要求方可使用。

7）选点完成后，应绘制卫星定位平面控制网选点图。

4 卫星定位测量控制点埋石，应符合下列要求：

1）控制点标石应设在基础稳定、不易受施工和其他人为活动扰动且利于长期保存的地点。

2）单孔跨径大于500m的桥梁宜埋设卫星定位测量天线墩，且应安置强制对中装置，其对中误差应不大于1mm。

3）标石规格和埋设标准应符合本规范附录B的规定。

4）标石埋设完成与卫星定位测量外业观测的时间间隔应不小于3个月。

5）新埋设标石应设置警示标志，并办理测量标志委托保管书；保管书分别交标石保管单位或个人、桥梁建设主管部门，本单位档案管理部门存档。

条文说明

在进行选点和埋石工作前，需要收集测区内及测区周边现有的国家等级控制点和勘测设计阶段已有的控制点资料，包括点之记、平面控制网及水准网的网图、成果表、技术总结等资料，以及测区范围内有关的地形、交通、气象、供电、通信、测区总体建设规划和近期发展等方面的资料。在了解和研究测区内相关情况的基础上，根据要求在图上进行设计，标绘出计划设站的区域。在进行选点时，需要防止卫星信号发生遮蔽、干扰或反射的情况，减轻对流层对信号的影响以及多路径效应；同时要合理布置网点，保证控制网的可靠性且便于施测。控制点埋石包括埋设标石和建造观测墩的工作，要保证所设标石或标志的稳定可靠。

3.2.6 仪器选择及检验应符合下列规定：

1 四等及以上平面控制测量作业宜采用双频或多频接收机，标称精度应符合表3.2.2的要求。

2 使用的接收机应经法定计量检定机构检测合格，且在有效期内。作业前，应对天线或基座的圆水准器、光学对中器、天线量高尺等辅助工具进行校验。

3 两种及以上类型 GNSS 接收机参与同一期平面控制测量作业时，应提供天线半径、相位中心偏移及变化、天线参考点位置等几何参数，并在已知基线上进行对比测试，超过相应等级限差时不得使用。

条文说明

现阶段大型桥梁施工单位配备的 GNSS 接收机大多已更新升级为多频多模接收机，兼容 GPS、GLONASS、BDS 三系统的接收机使用越来越广泛。因此，本条规定进行四等以上平面控制测量需采用双频或多频接收机。关于 GNSS 接收机的选用与检验要求，主要参照现行《全球定位系统（GPS）测量规范》（GB/T 18314）的相关规定。

两种及以上类型 GNSS 接收机参与同一期平面控制测量作业时，测量人员进行基线解算中往往容易忽视不同类型接收机对应天线参数的差异，由此造成基线同步环、异步环限差超限。为避免发生上述情况，需搜集准确的天线半径、相位中心偏移及变化、天线参考点位置等几何参数信息，以确保基线解算时能准确地将观测值归算到测量标石中心；另外，还规定获得的天线参数信息应在已知基线上进行对比测试，符合相应等级控制测量精度要求后才能投入桥梁控制网观测作业使用。

3.2.7 观测基本要求应符合下列规定：

1 卫星定位平面控制测量主要技术要求应符合表 3.2.7 的规定。

表 3.2.7 卫星定位平面控制测量主要技术要求

类型	项 目	等 级			
		二等	三等	四等	一级
静态测量	接收机类型	双频或多频	双频或多频	双频或多频	双频或多频
	卫星截止高度角（°）	≥15	≥15	≥15	≥15
	观测有效卫星数	≥6	≥4	≥4	≥4
	时段长度（min）	≥240	≥90	≥60	≥45
	观测时段数	≥2	≥2	≥1.6	≥1.6
	数据采样间隔（s）	10~30	10~30	10~30	10~30
	PDOP	≤6	≤6	≤6	≤6

2 制订外业观测计划前，应进行卫星可见性预报，外业观测应避开 PDOP 值大于 6 的时段。

3 严格遵守调度命令，按规定时间作业，使用无线电通信工具接收作业指令时，距离天线不得小于 10m，且不应在观测作业半径 50m 范围内进行长时间通信。

4 开机前，应检查接收机电源、电缆及天线等各项连接正确无误。

5 开机后，应在检查接收机的卫星、存储、电源等各指示灯显示仪器正常工作后，进行卫星截止高度角、采样间隔等参数设置；对无相应界面显示的接收机，应在外业观测前通过计算机及相关软件对上述参数按观测要求进行设置。

6 接收机启动前与作业过程中，应随时逐项填写测量手簿中的记录项目，包括控制点点名，接收机、天线型号及编号，天线高及量取方式、开关机时间、采样间隔等相关信息。

7 每个观测时段开始及结束前应各量取一次天线高；观测时段长度超过 2h 时，应在时段中间时刻增加量取一次；三次量高互差应不大于 3mm，取平均值作为该时段天线高量取值；若互差超限，应查明原因，并提出处理意见记入测量手簿备注栏。

8 采用不同类型接收机进行测量作业时，应在测量手簿中准确记录天线量高类型（如斜高、垂高）和量取位置（如量高标志线、天线底部、护圈中心）等内容。

9 用三脚架安置天线时，对中误差应不大于 1mm；天线高量取应精确至 1mm，且宜取互为 120°方向上的天线高（互差小于 3mm）的均值作为一次量高值。

10 观测期间，观测员应注意查看接收机实时显示的测站定位信息、接收卫星数、PDOP 值、电源电量等信息；对无相应界面显示的接收机，应注意查看接收机各指示灯显示是否正常；应注意检查天线对中、水平气泡变化情况；观测时段时长大于 2h 时，以上检查应每间隔 1h 查看一次；发现异常情况，应及时报告作业调度者，并将处理措施或意见记入测量手簿备注栏。

11 同一时段观测过程不应改变卫星截止高度角、采样间隔、天线位置。

12 应采用高精度全站仪检测同步环和异步环中不少于 3 条基线边的长度。

13 外业观测对太阳耀斑、雷暴雨、台风等异常天气现象，应予以避开或进行相应时段的数据剔除。

条文说明

卫星定位测量的基本要求：

（1）桥梁工程控制网的建立，采用静态 GNSS 作业模式。

（2）观测时段的长度和数据采样间隔的限制，是为了获得足够的数据量，便于整周未知数的解算、周跳的探测与修复和观测精度的提高。

（3）空间位置精度因子 PDOP 值普遍用于反映所观测卫星的几何分布状况，其值的大小与观测卫星在空间的几何分布变化有关。所测卫星高度角越小，分布范围越大，PDOP 值越小。实际观测中，为了减弱大气折射的影响，卫星高度角不能过低。在满足 15°高度角的前提下，PDOP 值越小越好。为了保证观测精度，所有等级的 PDOP 均限定为不大于 6，外业观测要避开 PDOP 值大于 6 的时段。

（4）在开机之前要对仪器进行仔细检查，保证各测站按时开机。不同型号仪器的参数设置按照仪器的操作说明进行。

（5）由于 GNSS 接收机数据采集的高度自动化，其记录载体不同于常规测量，观测员易忽视数据采集过程的其他操作。因此，需要随时认真做好测站记录，包括控制点点名、接收机序列号、天线高、开关机时间等，还需要定时检查接收机显示的接收卫星数、PDOP 值、电量、仪器高以及对中整平情况，并做好必要的记录。

（6）关于天线安置对中误差和天线高量取的规定，主要是为了减少人为误差对测量精度的影响，通常情况下都要满足这一要求。由于当前 GNSS 接收机天线类型的多样化，对天线高量取部位要求会有所不同。因此，作业前需熟悉所使用的 GNSS 接收机的操作说明，并严格按其要求量取。

3.3 三角形网测量

3.3.1 根据桥梁建（构）筑物特点和跨径的不同，布设三角形网测量应依次分为二等、三等、四等和一级。桥梁三角形网等级选择应符合表 3.3.1 的规定。

表 3.3.1 桥梁三角形网等级选择

单孔跨径 D（m）	跨越宽度 S（m）	三角形网等级	
		首级控制网	施工加密控制网
$D \geqslant 1\,000$	$S \geqslant 2\,000$	—	二等
$500 \leqslant D < 1\,000$	$1\,000 \leqslant S < 2\,000$	二等	二等
$200 \leqslant D < 500$	$300 \leqslant S < 1\,000$	二等	二等、三等
$150 \leqslant D < 200$	$S < 300$	三等	四等、一级

条文说明

对于桥梁三角形网的等级，参照现行《工程测量规范》（GB 50026）和《公路勘测细则》（JTG/T C10）中有关桥梁施工平面控制的有关规定，并结合目前国内特大跨径公路桥梁建设现状，根据桥梁单孔跨径及结构和设计要求的施工精度确定。根据目前桥梁施工测量技术的特点和发展趋势，大跨径桥梁首级控制网在周边环境允许的条件下，大部分情况均采用卫星定位测量控制网，三角形网测量方法大多用于施工控制网的加密。因此，本条规定三角形网测量方法不适用于单孔跨径 1 000m 以上或跨越宽度 2 000m 以上的首级控制网的建立。

3.3.2 测角网技术要求应符合下列规定：

1 测角网宜采用大地四边形或以桥轴线为公共边的双大地四边形。三角形内角不宜小于 30°；受地形条件限制时，个别内角不应小于 25°；无法满足上述要求时，不宜按测角网测量方案设计和实施。

2 各等级测角网主要技术要求应符合表 3.3.2 的规定。

表 3.3.2 测角网主要技术要求

等级	最弱边边长相对中误差	测角中误差（"）	三角形最大闭合差（"）	测回数	
				1"级仪器	2"级仪器
二等	≤1/120 000	1.0	±3.5	12	—

续表3.3.2

等级	最弱边边长相对中误差	测角中误差(″)	三角形最大闭合差(″)	测回数	
				1″级仪器	2″级仪器
三等	≤1/70 000	1.8	±7.0	6	9
四等	≤1/40 000	2.5	±9.0	4	6
一级	≤1/20 000	5.0	±15.0	2	4

条文说明

测角网技术要求：

（1）考虑测角网图形结构的影响，三角形内角不小于30°；受地形条件限制时，个别内角可适当放宽要求，但不小于25°。由于内角较小时，其对应边的传递误差增大较多，因而不宜放宽要求。三角形内角无法满足上述要求，不适合采用测角网测量方案设计和实施，需增加边长测量，采用边角网、测边网测量方案设计和实施，以弥补不足。

（2）各等级测角网主要技术要求是参照现行《工程测量规范》（GB 50026）中三角形网测量技术要求，并结合国内桥梁建设情况分析制定的。

3.3.3 测边网技术要求应符合下列规定：

1 强化图形结构，三角形各内角宜为30°~100°；图形欠佳时，可加测对角线边长或采取其他措施加以改善。

2 对二、三等级测边网，在控制网周边选择控制点，以相应等级测角网的精度观测一个接近100°的角度作为校核。

3 测边网中的每一个待定点至少应有一个多余观测。严禁布设成无多余观测的单三角形锁。

4 各等级测边网主要技术要求应符合表3.3.3-1的规定，测距仪分级技术规格应符合表3.3.3-2的规定。

表3.3.3-1 测边网主要技术要求

等级	平均边长（m）	平均边长相对中误差	测距仪精度等级	测回数
二等	1 000~1 500	1/250 000	Ⅰ	往返各4
三等	500~1 000	1/150 000	Ⅱ	往返各4
四等	300~500	1/100 000	Ⅱ	往返各4
一级	100~300	1/50 000	Ⅲ	往返各4

注：测距仪一测回的定义为照准目标一次，读数2~4次的过程。

表 3.3.3-2　测距仪分级技术规格

每千米测距中误差 m_D（mm）	测距仪精度等级
$\|m_D\| \leq 2$	Ⅰ
$2 < \|m_D\| \leq 5$	Ⅱ
$5 < \|m_D\| \leq 10$	Ⅲ
$10 < \|m_D\| \leq 20$	Ⅳ

条文说明

测边网通常布设为近似等边三角形，各三角形的内角不大于100°且不小于30°，受地形条件限制时，个别内角不小于25°。对于二、三等级的测边网，需在一些三角形中以相应等级三角测量的观测精度观测一个较大的角度以进行检核。为有效发现并排除粗差的影响，提高结果的精度，每一个待定点至少要有一个多余观测。

不同等级测边网的边长、边长相对中误差、所选用测距仪的精度等级以及测回数等相关规定主要参照现行《工程测量规范》（GB 50026）和《中、短程光电测距规范》（GB/T 16818）中三角形网测量技术要求和距离测量技术要求制定。测距仪的精度分级标准则参照现行《高速铁路工程测量规范》（TB 10601）和《中、短程光电测距规范》（GB/T 16818）中的等级划分标准确定。

3.3.4 边角网技术要求应符合下列规定：

1 边角网的测角和测边精度应匹配，并应符合式（3.3.4）的要求：

$$\frac{m_i}{\rho''} = \frac{m_S}{S \times 10^3} \tag{3.3.4}$$

式中：m_i——相应等级控制网的方向中误差（″）；
　　　m_S——测距中误差（mm）；
　　　S——测距边长（m）；
　　　ρ''——常数，206 265″。

2 各等级测角主要技术要求应符合表3.3.2的规定。

3 各等级边长测量主要技术要求应符合表3.3.3-1的规定。

条文说明

布设边角网的技术要求：

（1）边角网中，边长观测精度与测角精度要基本适应，使控制点的点位误差椭圆接近于圆形。精度匹配公式有以下两种：

$$\frac{m_i}{\rho''} = \frac{m_S}{S \times 10^3} \tag{3-1}$$

$$\frac{m_\beta}{\sqrt{2}\rho''} = \frac{m_S}{S \times 10^3} \tag{3-2}$$

本规范规定采用方向误差计算公式，即式（3-1），主要原因：① 测角中误差与方向中误差公式可相互转换；② 边角网按方向进行平差是严密的。若需要按角度平差，也可由式（3-1）转换为式（3-2）。

（2）测边网检核条件较少，需要及时检查观测质量。一般采用中心多边形的圆周条件或大地四边形的组合条件进行校核。本规范要求每一个待定点上有三条交会边，即至少有一个多余观测条件。

（3）测边网中，选择一些较大的角度，以相应等级的三角测量精度进行观测，以检核观测边长的精度。测边网中各条边是独立测定的，平差后的边长精度基本均匀，方向精度受传算路线精度的影响，且角度精度与图形有关，因此测边网要求重视图形结构，以等边三角形最为理想。设 γ 角为等腰三角形的顶角，则 γ 角中误差与边长相对中误差的关系为：

$$m''_\gamma = \sqrt{6}\frac{m_S}{S} \cdot \cot\beta \cdot \rho'' \tag{3-3}$$

以不同的测边相对中误差和不同的 γ 角代入上式，可得角度中误差，如表 3-3 所示。

表 3-3　不同边长相对中误差和顶角对应的角度中误差

$\frac{m_S}{S}$	γ (°)									
	30	40	50	60	70	80	90	100	110	120
1/250 000	0.54	0.73	0.94	1.17	1.41	1.69	2.02	2.41	2.89	3.50
1/150 000	0.90	1.22	1.57	1.9	2.36	2.82	3.37	4.01	4.81	5.84
1/100 000	1.35	1.83	2.36	2.92	3.54	4.24	5.05	6.02	7.22	8.75
1/50 000	2.71	3.68	4.71	5.83	7.08	8.48	10.10	12.04	14.43	17.50

由上表可见，$\gamma = 60°$ 时，其测角中误差略大于各等级三角网的测角中误差。以 60° 角度计算中误差的两倍为极限，需要布设测边网的内角大小在 30°~100° 范围内。此外，三角形内角越小，其所对的边长则越短；过短的边长会导致测距相对误差增加，形成不利图形。

对于测边网中要选择一些较大的角度以相应等级的测角精度观测其角值进行校核，其目的也是因为由边长所计算的较大角度所对应的误差较大，用实测的角度进行比较，有利于发现和控制误差的传播。

3.3.5　选点与埋石应符合下列规定：

1　选点应结合桥梁施工区域地貌条件，要求通视良好、交通便利、稳固可靠，便于加密、拓展、寻找及保存。

2　视线离障碍物不宜小于 2m。若确需在施工影响区域内布设控制点，应保证在一定时间段内相对稳定。

3 能够长期保存、离施工区较远的平面控制点，应着重考虑图形结构和便于加密。

4 直接用于施工放样定位的控制点应着重考虑方便实用，尽量靠近施工区，并对主要结构物的放样定位组成有利的图形。

5 三角形网选点应注意观测视线，避免通过烟囱等吸热、散热不同的地区；视线上方不应有树枝、电线等任何障碍物，并应避开高压线等强电磁场干扰。

6 首级控制点和需要长期保存的各级加密控制点应埋设具有强制归心装置混凝土标墩，其他平面控制点可埋设地面标石或地面标志，埋设形式应符合本规范附录 A 的规定。

7 各等级平面控制网中相邻点之间最大距离不宜大于平均边长的 2 倍。

8 跨越宽度 500m 以上桥梁的每端应至少埋设 3 个平面控制点。

9 混凝土标墩埋设后宜加设保护装置并进行外观整饰编号。

10 对冻土、淤泥等特殊地质条件下的标石结构、尺寸及埋设，宜根据现场地质勘察资料及桥梁施工要求进行专项设计。

条文说明

提出的三角形网选点与标石埋设的基本要求，目的是减少环境因素对测量结果的影响、利于点位长期保存、便于施工放样。点位埋设后，均需经过一段时间才能趋于稳定。时间长短与点的等级、点位埋设的位置等情况有关，难以统一规定，所以规范中并未给出要求。一般而言，软土地区至少要经过一个雨季后，方可观测。

3.3.6 水平角观测所采用的全站仪、经纬仪应检定合格，并应符合下列规定：

1 照准部旋转轴指标：管水准器气泡或电子水准器长气泡在各位置的读数较差，1″级仪器应不超过 2 格，2″级仪器应不超过 1 格。

2 光学经纬仪测微器行差及隙动差：1″级仪器应不大于 1″，2″级仪器应不大于 2″。

3 水平轴不垂直于垂直轴之差：1″级仪器应不超过 10″，2″级仪器应不超过 15″。

4 补偿器的补偿要求：在仪器补偿器的补偿区间，对观测成果应能进行有效补偿。

5 垂直微动旋转使用时，视准轴在水平方向上不应产生偏移。

6 仪器基座在照准部旋转时的位移指标：1″级仪器应不超过 0.3″，2″级仪器应不超过 1″。

7 仪器、反射棱镜（或觇牌）的光学或激光对中器视准轴与竖轴的重合度应不大于 1mm。

条文说明

水平角观测所用的仪器是以 1″级和 2″级仪器为基础，根据实际的检查需要和相关仪器的精度，分别规定出不同的指标。

本条增加了全站仪、电子经纬仪的相关检验要求,其中包括电子气泡和补偿器的检验等。对具有补偿器(单轴补偿、双轴补偿或三轴补偿)的全站仪、电子经纬仪的检验可不受本条前3款相关检验指标的限制,但需要控制在仪器的补偿区间(通常在3′左右),确保补偿器对观测成果能进行有效补偿。光学(或激光)对中器的视轴(或射线)与竖轴的重合度指标,是指仪器高度在0.8~1.5m时的检验残差不大于1mm。

3.3.7 水平角观测应符合下列规定:

1 观测应在成像清晰、目标稳定的条件下进行。成像模糊或跳动剧烈,不应进行观测。

2 应待仪器温度与外界气温一致后开始观测。观测过程中,仪器不得受日光直接照射。

3 仪器照准部旋转时,应平稳匀速;制动螺旋不宜拧得过紧;微动螺旋应使用中间部位;精确照准目标时,微动螺旋旋转最后应为旋进方向。

4 观测过程中,仪器气泡中心偏移值不得超过1格。偏移值接近限值时,应在测回之间重新整置仪器。

条文说明

水平角观测时的操作规定参照现行《国家三角测量规范》(GB/T 17942)中水平角测量操作要求确定。注意尽量排除外部条件对测量的干扰,降低仪器的不稳定因素对观测结果的影响。

3.3.8 水平角观测宜采用方向观测法。采用光学经纬仪观测水平角应符合下列规定:

1 将仪器照准零方向标志,度盘变换角度值,配置度盘和测微器读数。

2 顺时针方向旋转照准部1~2周后精确照准零方向标志,并进行水平度盘、测微器读数。

3 顺时针方向旋转照准部,依次精确照准第2、3、4、……、n个方向,并读数,最后归零(当观测方向数小于或等于3时,可不归零)。

4 纵转望远镜,逆时针方向旋转照准部1~2周,精确照准零方向,并读数。

5 逆时针方向旋转照准部,按上半测回观测的相反次序依次观测至零方向。

3.3.9 采用电子经纬仪或全站仪观测水平角时,可不配置度盘,其他操作过程应与光学经纬仪操作过程一致。

3.3.10 当测站方向超过6个时,可分组观测。分组观测应包括两个共同方向(其中一个为共同零方向)。其两组共同方向观测角之差,应不大于同等级测角中误差的两倍。水平角方向观测法主要技术要求应符合表3.3.10的规定。

表 3.3.10 水平角方向观测法主要技术要求

等　　级	仪器型号	光学测微器两次重合读数差(")	两次照准读数差(")	半测回归零差(")	一测回中2C互差(")	同方向值各测回互差(")
二等、三等、四等	1″级仪器	1	4	6	9	6
	2″级仪器	3	6	8	13	9

注：观测方向的垂直角大于±3°时，该方向的2C较差，按相邻测回同方向进行比较，其差值仍应符合本表规定。

条文说明

观测方向超过6个时，由于方向数多，测站的观测时间会相应加长，气象等观测条件变化较大，各项观测限差不容易满足要求，因此采用分组观测的方法进行。方向观测法的技术要求参照现行《工程测量规范》（GB 50026），并根据经验增加了两次照准读数差的技术要求。

3.3.11 分组观测的最后结果，应按等权分组观测进行测站平差。水平角观测值应取各测回的平均数作为测站成果。

3.3.12 水平角观测误差超过表3.3.10的要求时应重测，并应符合下列规定：

1　因测错、读错、记错、气泡中心位置偏移超过1格或个别方向临时被挡，均应随时重测。

2　一测回2C互差或同一方向值各测回较差超限，应重测超限方向，并联测零方向。

3　下半测回归零差或零方向的2C互差超限时，应重测该测回。

4　一测回中重测方向数超过总方向数的1/3时，应重测该测回。重测的测回数超过总测回数的1/3时，应重测该站。

3.3.13 水平角观测的测站作业应符合下列规定：

1　仪器或反射棱镜的对中误差应不大于2mm。

2　水平角观测过程中，气泡中心位置偏离应不超过1格。

3　受外界因素（如震动）影响、仪器的补偿器无法正常工作或超出补偿器的补偿范围时，应停止观测。

4　发生测站或照准目标偏心情况时，应在水平角观测前或观测后测定归心元素。

条文说明

关于测站作业的技术要求：

（1）对仪器、反射棱镜（或觇牌）用脚架直接在点位上对中的误差需进行限制，以减少人为误差的影响。

（2）由于本规范各等级水平角观测的限差是基于视线水平的条件下规定的，观测方向的垂直角超过±3°时，竖轴的倾斜误差对水平角观测影响较大，故此种情况下需在测回间重新整置气泡位置，观测限差需满足表3.3.10中的规定。此外，测回间对气泡位置的整置，即可通过调节竖轴的不同倾斜方位，使仪器误差在各测回间水平角的平均数中有所削弱。对于具有垂直轴补偿器的仪器（补偿范围一般为3′），由于其对观测的水平角可以进行自动改正，故不受此款的限制；作业时，注意将补偿器处于开启状态。

（3）剧烈震动下，补偿器无法正常工作，故需停止观测。此时若关闭补偿器，观测结果的可靠性难以保证。

（4）鉴于工程测量作业中有时需要进行偏心观测，在保证水平角观测精度的前提下，归心元素测定的各项精度指标是容易达到的。

3.3.14 平面控制网联测的已知方向的水平角观测，应按首级控制网相应等级的规定执行。

3.3.15 每日观测结束，应对外业记录手簿进行检查。使用电子记录时，应保存原始观测数据，打印输出相关数据和预先设置的各项限差。

3.3.16 水平角观测结束后，其测角中误差可按式（3.3.16）计算：

$$m_\beta = \pm \sqrt{\frac{[WW]}{3n}} \tag{3.3.16}$$

式中：m_β——测角中误差（″）；

W——三角形闭合差（″）；

n——三角形的个数。

3.3.17 各等级控制网边长测量的主要技术要求应符合表3.3.17的规定。

表3.3.17 各等级控制网边长测量的主要技术要求

平面控制网等级	仪器精度等级	每边测回数		一测回读数较差（mm）	单程各测回较差（mm）	往返测距较差（mm）
		往	返			
二等、三等	Ⅰ级	4	4	2	3	$\sqrt{2}(a+b \cdot D)$
	Ⅱ级	4	4	5	7	
四等	Ⅰ级	2	2	2	3	
	Ⅱ级	2	2	5	7	

注：困难情况下，边长测距可采取不同时间段测量代替往返观测。a为固定误差（mm），b为比例误差系数（mm/km），D为测距边长（km）。

条文说明

测距的主要技术要求，是根据工程实践经验，基于以下条件制定：

（1）一测回读数较差是根据各等级仪器每千米标称精度规定。

（2）单程各测回较差为一测回较差乘以$\sqrt{2}$。

（3）往返较差的限差，取相应距离仪器标称精度的$\sqrt{2}$倍。

（4）仪器的精度等级和测回数，是根据相应等级平面控制网要求达到的测距精度而做出的规定。

3.3.18 测距仪及辅助设备检校应符合下列规定：

1 新购置或维修后的测距仪器，应进行检校。

2 测距使用的测距仪、温度计、气压计等应经法定检验机构检测合格后方可使用。

3.3.19 测距作业应符合下列规定：

1 测距前应先检查电池电压是否符合要求。在气温较低的条件下作业时，应有一定的预热时间。

2 测距仪的测距头、反射棱镜等应按出厂要求配套使用。未经验证，测距仪不得与其他型号的反射棱镜混合使用。

3 测距应在成像清晰、稳定的情况下进行。雨、雪、雾及大风天气不应作业。

4 反射棱镜背面应避免有散射光的干扰，镜面不得有水珠或灰尘沾污。

5 晴天作业时，测站主机应打伞遮阳，不宜逆光观测。

6 测距时气象数据的测定及各项观测限差应符合表3.3.19规定。

7 测站对中误差和反射棱镜对中误差应不大于2mm。

8 测量气象元素的温度计宜采用通风干湿温度计，气压表宜选用高原型空盒气压表。读数前应将温度计悬挂在离开地面和人体1.5m以外阳光不能直射的地方，且读数精确至0.2℃；气压表应置平，指针不应滞阻，且读数精确至0.5hPa。

表3.3.19 测定气象数据主要技术要求

等级	气象数据测定			
	温度最小读数（℃）	气压最小读数（hPa）	规定时间间隔	数据取用
二等、三等、四等	0.2	0.5	每边观测始末	每边两端平均值

3.3.20 测距边归算应符合下列规定：

1 斜距化算为水平距离前，应先进行气象、加常数、乘常数改正。

2 测距边的气象改正应按仪器说明书给出的公式计算。

3 测距边的加、乘常数改正应根据仪器检验的结果计算。

4 测距边经倾斜改正后，可按下列方法换算为水平距离：

1）已知测距边两端点的高差时，水平距离可按式（3.3.20-1）计算：

$$D = \sqrt{S^2 - h^2} \tag{3.3.20-1}$$

2) 已知观测垂直角时，水平距离可按式（3.3.20-2）计算：

$$D = S \cdot \cos(\alpha + f) \tag{3.3.20-2}$$

式中：D——观测边的水平距离（m）；

S——经气象、加常数和乘常数修正后的斜距（m）；

h——测距仪器与镜站棱镜之间的高差（m）；

α——垂直角观测值（°）；

f——地球曲率与大气折光对垂直角的修正量，可按式（3.3.20-3）计算；

$$f = (1 - K)\frac{S}{2R}\rho'' \tag{3.3.20-3}$$

K——大气折光系数；

R——地球平均曲率半径（m）。

5 归算到测区平均高程面或某一高程面的水平距离，可按式（3.3.20-4）计算：

$$D = D' \cdot \left(1 + \frac{H_p - H_m}{R_A}\right) \tag{3.3.20-4}$$

式中：D——归算到测区平均高程面或某一高程面的水平距离（m）；

D'——测距两端点的平均高程面的水平距离（m）；

H_p——测区的平均高程或某一高程面（m）；

H_m——测距两端点的平均高程（m）；

R_A——参考椭球在测距边方向法截弧的曲率半径（m）。

条文说明

归算测距边需要注意以下几点：

（1）测距边的气象改正，要求按仪器说明书上的改正公式计算；不同型号的测距仪所使用的气象元素参考条件以及电磁波波长不同，所使用公式也不同。

（2）测距边的加常数和乘常数要求经过具有权威检验机构进行检测，以检定证书给出的常数计算；未经过检定、检定结果不可靠或检验时间过长都不能使用。

（3）水平距离计算公式和测距长度归化到不同高程面的计算公式，参照现行《工程测量规范》（GB 50026）中的相关公式确定。

3.3.21 测距边精度评定应符合下列规定：

1 一次测量的观测值中误差，可按式（3.3.21-1）计算：

$$m_D = \pm\sqrt{\frac{[Pdd]}{2n}} \tag{3.3.21-1}$$

对向观测平均值中误差，可按式（3.3.21-2）计算：

$$m'_D = \pm \frac{1}{2}\sqrt{\frac{[Pdd]}{2n}} \qquad (3.3.21\text{-}2)$$

2 任一边的实际测距中误差，可按式（3.3.21-3）计算：

$$m_S = \pm m'_D \sqrt{\frac{1}{P_{D_i}}} \qquad (3.3.21\text{-}3)$$

式中：d——各边往返测水平距离的较差（mm）；

n——测边数；

P——各边距离测量的先验权，可按测距仪的标称精度计算；

P_{D_i}——第 i 边距离测量的先验权。

条文说明

1 测距边精度评定的计算公式主要综合现行《工程测量规范》（GB 50026）和《中、短程光电测距规范》（GB/T 16818）中的相关内容给出。

3.4 内业计算

3.4.1 卫星定位测量数据处理应符合下列规定：

1 卫星定位测量数据处理应采用经有关部门检定通过的专用软件或随接收机配备的商用软件。

2 基线解算应符合下列规定：

1）采用不同类型接收机时，应在进行基线解算前，将观测数据统一转换成标准数据交换格式（RINEX），并在软件中准确设置天线半径、相位中心偏移及变化、天线量测参考点位置等参数。

2）基线解算的起算点坐标，宜选用国家或其他高等级控制网点的坐标成果；亦可采用单点定位结果，其观测时间不宜少于1h。

3）对控制点间距离不大于15km的基线，可采用广播星历解算；对大于15km的基线宜采用精密星历解算，并进行对流层和电离层延迟修正。

4）可选择单基线解或多基线解模式进行解算，计算成果应采用双差固定解，并提供相应的方差—协方差阵。

5）同一时段观测数据的剔除率不宜大于10%。

3 基线处理结果的质量检核应符合下列规定：

1）基线长度中误差，按式（3.2.3）计算。

2）同一基线不同时段基线边长较差应满足式（3.4.1-1）的规定：

$$d_S \leqslant 2\sqrt{2}\sigma \qquad (3.4.1\text{-}1)$$

3）同步环各坐标分量闭合差及环线全长闭合差应满足式（3.4.1-2）的规定：

$$\left.\begin{array}{l} W_X \leq \dfrac{\sqrt{n}}{5}\sigma \\ W_Y \leq \dfrac{\sqrt{n}}{5}\sigma \\ W_Z \leq \dfrac{\sqrt{n}}{5}\sigma \\ W_S \leq \dfrac{\sqrt{3n}}{5}\sigma \end{array}\right\} \qquad (3.4.1\text{-}2)$$

式中：n——同步环中基线边的个数；

W_S——同步环环线全长闭合差（mm）。

4）异步环各坐标分量闭合差及环线全长闭合差应满足式（3.4.1-3）的规定：

$$\left.\begin{array}{l} W_X \leq \sqrt{\dfrac{4n}{3}}\sigma \\ W_Y \leq \sqrt{\dfrac{4n}{3}}\sigma \\ W_Z \leq \sqrt{\dfrac{4n}{3}}\sigma \\ W_S \leq 2\sqrt{n}\sigma \end{array}\right\} \qquad (3.4.1\text{-}3)$$

式中：n——异步环中基线边的个数；

W_S——异步环环线全长闭合差（mm）。

4 卫星定位测量控制网的无约束平差应符合下列规定：

1）应固定一个起始点坐标作为起算数据，该起算点的三维坐标可在 CGCS2000 坐标系或 WGS-84 坐标系中表示。

2）平差结果中，基线向量各分量的改正数绝对值应满足式（3.4.1-4）的规定：

$$\left.\begin{array}{l} V_{\Delta X} \leq \sqrt{3}\sigma \\ V_{\Delta Y} \leq \sqrt{3}\sigma \\ V_{\Delta Z} \leq \sqrt{3}\sigma \end{array}\right\} \qquad (3.4.1\text{-}4)$$

式中：σ——基线长度中误差（mm）。

3）应检查基线向量网的内符合精度，基线向量间有无明显的系统误差，并剔除含有粗差的基线；由非同步闭合环构成的网形不应存在自由基线，且组成的闭合环基线数和异步环长度应尽量小。

4）平差的成果应包括起算点对应坐标参照系中的各控制点三维坐标、基线向量平差值及其改正数、基线精度信息、单位权中误差等内容。

5 卫星定位测量控制网的约束平差应符合下列规定：

1）应在国家坐标系或桥梁施工坐标系中进行二维或三维约束平差。

2）对已知坐标、距离或方位，可采用强制约束或加权约束；约束点间的边长相对中误差,应满足表 3.2.2 中相应等级的规定。

3) 对控制网除进行基线测量外,可利用常规测量方法获得精密测距、精密测角等地面观测数据,并赋予其适当权值,进行三维联合平差。

4) 平差中基线向量的改正数,与无约束平差中对应基线向量的改正数比较,各分量改正数较差的绝对值应满足式(3.4.1-5)的规定:

$$\left.\begin{array}{l} dV_{\Delta X} \leqslant \sqrt{\dfrac{4}{3}}\sigma \\ dV_{\Delta Y} \leqslant \sqrt{\dfrac{4}{3}}\sigma \\ dV_{\Delta Z} \leqslant \sqrt{\dfrac{4}{3}}\sigma \end{array}\right\} \quad (3.4.1\text{-}5)$$

5) 应对平差中所附加的转换参数进行显著性检验;转换参数不显著时,应舍弃该参数重新进行平差处理。

6) 平差的最弱边边长相对中误差应满足表 3.2.2 中相应等级的规定。

7) 平差的成果应包括相应坐标系中各控制点的二维或三维坐标及其精度信息、基线向量平差值及其改正数、基线长度、基线方位、转换参数、单位权中误差等内容。

条文说明

2 桥梁 GNSS 平面控制网规模较大时,参与观测的 GNSS 接收机可能包括多种品牌类型。外业观测完成后,首先将各种类型 GNSS 接收机的原始观测数据统一转换成 RINEX 格式,并搜集不同类型接收机对应的天线参数信息,以便使用不同基线解算软件对基线解算结果进行交叉验证,也利于其他单位进行基线数据处理与校核。

在基线解算时,起算点的坐标精度将会影响基线解算的精度。起算点误差对基线解算的影响可按式(3-4)估算:

$$\delta_S = 0.60 \times 10^{-4} D \cdot \delta_X \quad (3\text{-}4)$$

式中:δ_S——起算点误差引起的基线解算误差(mm);

D——基线长度(km);

δ_X——起算坐标的误差(mm)。

试验表明,若采用单点定位结果,一般观测 1h 可满足基线的精度要求。

卫星轨道的精度是影响 GNSS 基线解算精度的重要因素之一。卫星星历误差对基线解算的影响可按式(3-5)估算:

$$\frac{\Delta D}{D} = \frac{\Delta r}{\rho} \quad (3\text{-}5)$$

式中:D——基线长度(km);

ΔD——卫星星历误差引起的基线误差(mm);

Δr——星历误差(mm);

ρ——卫星至测站的距离(km)。

若 $D=15\text{km}$，取 $\rho=22\,000\text{km}$，$\Delta r=2\text{m}$，则 $\Delta D=1.36\text{mm}$。对于高精度的控制网而言，这一误差应予以考虑。因此，本规范规定控制网点间距离大于 15km 时宜采用精密星历。

电离层延迟、对流层延迟误差也是影响 GNSS 定位精度的重要误差源。基线长度较长时，两者对 GNSS 基线解算精度的影响更为明显。因此当控制网点间距离大于 15km 时，需要进行对流层和电离层的改正。虽然大多数桥梁 GNSS 控制网的边长不会超过 15km，但 GNSS 控制网与国家控制点联测，或为加强 GNSS 控制网的图形结构而与其他高等级控制点联测时，边长可能会达到 15km。

多基线解算模式和单基线解算模式的主要区别是，前者顾及了同步观测图形中独立基线之间的误差相关性，后者没有顾及。大多数商业化软件基线解算只提供单基线解算模式。桥梁控制网规模不大时，单基线解算精度上也能满足各等级控制测量精度要求；桥梁控制网与 IGS 站、国家控制点或其他高等级控制点联测边长大于 15km 时，通常采用多基线解算模式。

基于对特大跨径公路桥梁工程控制网质量和可靠性的要求，规定基线解算结果应采用双差固定解；规定提供相应的方差—协方差阵是为便于采用不同的 GNSS 网平差软件进行基线向量网的平差处理。

3 外业观测数据的检核包括同步环、异步环和复测基线的检核。分别说明如下：

由同步观测基线组成的闭合环称为同步环。同步环闭合差理论上为零。但由于观测时同步环基线间不能做到完全同步，即观测的数据量不同，以及基线解算模型的不完善，即模型的解算精度或模型误差而引起同步环闭合差不为零。因此，要对同步环闭合差进行检验。

由独立基线组成的闭合环称为异步环。异步环闭合差的检验是 GNSS 控制网质量检核的主要指标。计算公式是按误差传播规律确定的，并取 2 倍中误差作为异步环闭合差的限差。

同一基线不同时段的基线向量较差也是按误差传播规律确定，并取 2 倍中误差作为复测基线的限差。

4 卫星定位测量控制网无约束平差的目的是检查 GNSS 基线向量是否存在粗差或明显的系统误差，通过检验发现基线向量随机模型的误差，评估网的内部精度，并提供平差后的三维空间坐标。无约束平差可在 CGCS2000 坐标系、WGS-84 坐标系中进行。固定一个控制点的三维坐标作为起算数据进行平差计算，可认为是单点位置约束或最小约束平差，其与无约束的秩亏自由网平差等价，因此称之为无约束平差。基线解算的起算点坐标，一般选用国家或其他高等级控制网点的三维空间坐标成果；亦可采用单点定位结果，其观测时间一般不少于 1h。

无约束平差中，网的几何形状完全取决于 GNSS 基线向量，而与外部的起算数据无关。无约束平差结果的优劣，以及在平差过程中所反映出的观测值间几何不一致性的大小，都是观测值本身质量的真实反映。基线向量各分量的改正数绝对值以相应等级基线长度中误差的 3 倍作为限差。超限时，认为该基线或邻近基线含有粗差，要采用软件或人工方法进行剔除。

5 卫星定位测量控制网约束平差的目的是为了获取 GNSS 网在国家或地方独立坐标系的控制点坐标数据。此处的地方独立坐标系是指除标准坐标系统以外的其他坐标系统。对已知条件的约束，分为三维约束和二维约束两种模式，可采用强制约束，也可采用加权约束。三维平差的约束条件是控制点的三维空间坐标、空间边长及大地方位角等约束；二维平差的约束条件是控制点的平面坐标、水平距离及坐标方位角等约束。采用强制约束的边长条件及约束平差后的最弱边相对中误差应能满足表 3.2.2 规定的各等级卫星定位平面控制网的相关技术要求。

三维联合平差是对 GNSS 基线和常规测量方法获得精密测距、精密测角等地面观测数据，进行联合平差处理。地面数据较少时，可以将 GNSS 网平差和坐标转换计算联合考虑，以求得严密的转换参数和转换结果。在约束平差中，要求对所附加的转换参数进行显著性检验。在一定检验水平下，转换参数不显著时，需舍弃该参数重新进行平差处理。约束平差与无约束平差的基线向量各分量改正数较差的绝对值以相应等级基线长度中误差的 2 倍作为限差；超限时需剔除。

3.4.2 三角形网测量数据处理应符合下列规定：

1 平差计算前，应对外业观测记录手簿、原始数据进行 100% 的检查校对。采用电子手簿记录时，应对输出的原始记录进行校对。

2 控制网外业成果的质量评定应首先采用商用软件进行相应的检验，检验内容应包括几何图形条件检验和坐标闭合条件检验。

3 测角网可按等权进行平差。测边网和边角网的定权，可采用下列方法：

1）根据先验方差定权。可令方向观测值的权 $P_i = 1$，测距边观测值的权按式（3.4.2）计算：

$$P_S = \frac{m_i^2}{m_S^2} \tag{3.4.2}$$

式中：m_i——方向观测值的中误差（″）；

m_S——测距边观测值的中误差（mm）；

P_S——测距边观测值的权。

2）按测角网和测边网单独平差求得各自的方差估值 m_i、m_S，然后定权。

3）条件允许时，按方差分量估计原理定权。

4 各等级平面控制网应采用严密平差方法，平差所用专业软件或计算程序应通过国家计量鉴定或验算测试。对采用商业软件进行控制网平差计算的，宜采用第三方软件进行交叉验算。

5 平差计算时，对计算略图和计算机输入数据应进行仔细校对，对计算结果应进行检查。打印输出的平差成果，应包括起算数据、观测数据以及必要的中间数据。

6 平差后的精度评定，应包括单位权中误差、点位误差椭圆参数、相对点位误差椭圆参数、边长相对中误差以及点位中误差等。内业计算中数字取位应符合表 3.4.2 的规定。

表 3.4.2 内业计算中数字取位要求

等 级	观测方向值及各项修正数（″）	边长观测值及各项修正数（m）	边长与坐标（m）	方位角（″）
二等、三等、四等	0.1	0.000 1	0.000 1	0.1

条文说明

三角形网定权根据最小二乘原理和概率统计理论确定；规定多种定权方法的选择是为了防止先验方差与实际情况相差过大。

3.5 资料提交

3.5.1 平面控制测量应提交下列资料：
1 平面控制网图和技术设计书；
2 外业观测记录手簿；
3 外业测量仪器检定资料；
4 平面控制点点之记；
5 平差计算成果资料；
6 测量总结报告。

3.5.2 平面控制测量资料应经审查合格后使用。

4 高程控制测量

4.1 一般规定

4.1.1 桥梁施工高程系统应采用桥梁设计指定的高程系统；设计未指定时，宜采用1985年国家高程基准。

条文说明

桥梁施工测量的目的是按照设计和施工的要求将设计构筑物的平面位置和高程标定出来，作为施工的依据，因此桥梁施工高程系统应与桥梁设计高程系统一致。

4.1.2 测区内已建有高程控制网时，可沿用原有的高程系统。与邻近衔接关联工程的高程系统不一致时，桥梁施工高程系统应给出与其他高程系统的转换关系。

条文说明

桥梁设计要与桥梁勘测阶段的控制测量、地形测绘的高程系统一致，因而指出测区内已建有高程控制网时，可沿用原有的高程系统。桥梁工程作为公路工程的一部分，高程系统一般采用1985年国家高程基准，也可采用独立高程系统，但与邻近衔接关联工程的高程系统不一致时，需要通过高程系统间的转换关系进行转换。

4.1.3 高程控制测量精度等级，应依次划分为一等、二等、三等、四等。各等级高程控制测量的主要技术要求应符合表4.1.3的规定。

表4.1.3 高程控制测量的主要技术要求

等 级	每千米高差中数偶然中误差 M_Δ（mm）	每千米高差中数全中误差 M_W（mm）	附合路线或环线长度（km）
一等	≤0.45	≤1	≤150
二等	≤1	≤2	≤100
三等	≤3	≤6	≤10
四等	≤5	≤10	≤4.0

条文说明

根据大跨径桥梁的施工精度要求，高程控制测量的精度应不低于国家四等水准测量的精度，本条参照国家水准测量规范精度等级划分为四个等级。对应的技术要求引自现行《国家一、二等水准测量规范》（GB/T 12897）和《国家三、四等水准测量规范》（GB/T 12898）；顾及桥梁建设的范围，附合路线或环线长度的限制引自现行《公路勘测细则》（JTG/T C10）。

4.1.4 各等级高程控制宜采用水准测量；跨越江河（海）、峡谷等地区水准测量有困难时，可采用测距三角高程测量、GNSS 水准测量、GNSS 拟合高程测量等方法施测，应符合表 4.1.3 的规定。

条文说明

几何水准测量方法仍然是目前实施等级水准测量的主要方法，特别适合平原、丘陵地区陆上高程精密传递。当桥梁跨越江河（海）、峡谷等时，需要进行远距离高程传递，普通几何水准测量无法实施，可采用跨河水准测量的方法。跨河水准测量的方法主要有测距三角高程法、GNSS 水准测量法、经纬仪倾角法和倾斜螺旋法，鉴于目前全站仪、GNSS 测绘技术的普遍应用，优先推荐采用测距三角高程测量和 GNSS 水准测量法。在桥梁施工初期，特别对于跨越宽阔水域的桥梁，需要及时加密控制点以开展桥梁基础施工，尽管测距三角高程测量与 GNSS 水准测量法精度高，但实施复杂、花费时间长，适合选择 GNSS 拟合高程测量方法。GNSS 拟合高程测量方法不仅充分利用已建成控制网的数据，实施简便高效，而且大量的试验研究与工程实践证明其可以达到三等以下水准测量的精度，能满足桥梁基础施工的需要。

4.1.5 对跨宽阔水域、高山峡谷的桥梁工程，优先墩的高程控制可采用 GNSS 测量，其间的其他桥墩、桥塔及上部结构可根据贯通测量的成果，采用常规测量方法进行测量。

4.1.6 桥梁施工高程控制网的等级应根据桥梁单孔跨径、跨越宽度合理确定。桥梁施工高程控制网的等级选择应符合表 4.1.6 的规定。

表 4.1.6 桥梁施工高程控制网的等级选择

单孔跨径 D（m）	跨越宽度 S（m）	高程控制网等级	
		首级控制网	施工加密控制网
$D \geq 1\,000$	$S \geq 1\,000$	一等、二等	二等
$500 \leq D < 1\,000$	$500 \leq S < 1\,000$	二等	二等
$300 \leq D < 500$	$200 \leq S < 500$	二等	二等、三等
$150 \leq D < 300$	$S < 200$	三等	三等、四等

注：依据"单孔跨径"和"跨越宽度"确定桥梁高程控制网的等级时，其中任一项达到表中规定的范围，则应选择对应的高程控制网等级建立。

条文说明

顾及与桥梁平面控制网等级划分中桥梁跨越宽度和单孔跨径的一致性，同时根据已建或在建桥梁实际高程控制网设计与达到的精度，确定首级网与加密网的等级。由已建或在建桥梁高程控制网等级统计表（表4-1）可知，目前大跨径桥梁高程施工控制网的精度等级均不低于二等精度。

表4-1　已建或在建桥梁高程控制网等级统计表

桥　　梁	主跨跨径（m）	跨越宽度（km）	最高观测等级	控制网实际精度等级
南京二桥	628	2.9	二等	二等
	165	2.1		
南京三桥	648	1.6	二等	二等
南京四桥	1418	2.3	二等	二等
润扬大桥	1 490	1.5	二等	二等
	406	0.7		
苏通大桥	1 088	5.8	一等	二等
崇启大桥	400	9.145	二等	二等
泰州大桥	1 080	2.3	二等	二等
鄂黄大桥	480	1.1	二等	二等
海沧大桥	648	1.1	二等	二等
湛江海湾大桥	480	2.4	二等	二等
东海大桥	830	25.0	二等	二等
杭州湾大桥	325	32	一等	二等
青岛海湾大桥	260	28.8	一等	一等
港珠澳大桥	458	29.6	一等	二等

4.1.7 首级高程控制网应布设成环形网，加密网宜布设成附合路线或结点网。

条文说明

控制网的精度与可靠性是衡量高程控制网设计质量的重要方面，控制网网型设计是实现相应等级精度与可靠性的手段之一；为确保高程控制网的可靠性，控制网应布设为环形网，加密网宜布设成附合路线或结点网。

4.1.8 首级高程控制网应与邻近的国家等级水准点进行联测。桥梁跨越宽度不小于200m时，联测精度应不低于国家二等水准测量的精度要求；桥梁跨越宽度小于200m时，联测精度应不低于国家三等水准测量的精度要求。

条文说明

高程控制网无论采用什么高程系统，一般都需要通过联测获取控制网的基准或建立与邻近工程的高程转换关系。在现行《公路勘测细则》（JTG/T C10）中，公路工程推荐采用1985国家高程基准，因此本条指出首级高程控制网应与邻近国家等级水准点联测。顾及联测的目的是引入高程基准，联测精度一般不低于相应高程控制网的等级，根据本规范第4.1.6条，联测精度应满足国家二、三等水准测量的精度要求。桥梁跨越宽度不小于200m时，高程首级控制网为二等，因此联测精度不低于国家二等水准测量的精度要求，桥梁跨越宽度小于200m时，高程首级控制网为三等，联测精度不低于国家三等水准测量的精度要求。

4.1.9 各等级高程控制网的最弱点高程中误差应不大于10mm。

条文说明

规定高程控制网的最弱点高程中误差不得大于10mm，与现行《公路勘测细则》（JTG/T C10）及《公路桥涵施工技术规范》（JTG/T F50）中的要求一致。

4.1.10 高程控制网应进行复测。首级控制网复测周期应小于1年，施工加密网复测周期应小于6个月，复测精度宜与控制网建立时保持一致。在大规模基坑开挖、大量降排水、关键施工工序转换前等特定施工状态下，应进行复测；使用过程中对控制点的稳定性有怀疑时，应立即进行局部或全面复测。

条文说明

正常情况下，高程控制网复测通常与平面控制网复测同期进行，复测周期保持一致；在发现控制点变化的情况下，增加复测次数。

4.1.11 高程控制网技术设计与技术设计书的编制应分别按本规范第3.1.8条和第3.1.10条的规定执行。

4.1.12 确定高程控制网布设方案前的工作应符合下列规定：
1 根据桥梁施工主要建（构）筑物的轮廓点，对控制点的分布及位置进行初步设计。
2 进行实地踏勘，初步确定几何水准、跨河水准施测路线，初步估算路线长度，绘制控制网的略图。

4.2 水准测量

4.2.1 水准点选择应符合下列规定：
1 高程控制网点的选点和埋设工作宜与平面控制网的选点和埋设工作同步进行；

水准点可设在平面控制点观测墩上。

2 水准点应包括水准基点和工作基点。水准基点应选在不易受施工影响,且应避开地质条件不稳定的区域。水准基点宜每岸布设一组,宜包括 3 个水准点(1 个主点、2 个副点),且每组相邻各点以不宜小于 100m 的距离等间距布设。

3 工作基点宜选在平面控制点上,不足时可单独埋设。每一个单项工程区域宜设立 1~2 个工作基点。

4 水准点应选在地基稳固,且利于标石长期保存和高程联测的地方;点位选择应考虑有利于 GNSS 高程测量的实施。

5 采用数字水准仪作业时,水准路线应避开强电磁场干扰。

4.2.2 水准点埋设应符合下列规定:

1 跨越宽度 500m 以上及特殊结构的桥梁,每岸端应至少埋设 3 个高程控制点。

2 水准基点宜埋设在基岩上;覆盖层较厚时,可采用钻孔钢管桩基础。水准基点的埋设方式及规格应符合本规范附录 A 的规定。

3 水准点埋设完成后,二、三等点应绘制点之记,必要时还应设置指示桩。

4 水准观测应在标石埋设稳定后进行,与首级高程控制网外业观测的时间间隔不宜小于 6 个月。

5 新埋设标石应设置警示标志并办理测量标志委托保管书,并存档。

条文说明

为了确保高程控制网点为整个桥梁施工期提供稳定统一的高程基准,本条对水准点的选择和埋设提出具体要求。从水准点类型、选点原则、稳定性、环境要求、埋设方式和工程相关要求等方面做出规定。水准点按水准基点与工作基点分类布设,水准基点可以布设在施工区外,确保水准基准的稳定,工作基点布设在施工区可以方便使用。水准基点成组布设主要便于每岸水准基准的恢复。水准点标石的埋设方式及规格参照国家水准点埋设以及大跨径桥梁水准点埋设经验,在本规范附录 A 中给出了埋设水准点参照规格。新埋设标石设置的警示标志,需委托保管,保管书分别交标石保管单位或个人、桥梁建设主管部门及本单位档案管理部门存档。

4.2.3 水准测量仪器应符合下列技术要求:

1 水准测量使用的仪器精度要求应符合表 4.2.3 的规定。

表 4.2.3 水准测量使用的仪器精度要求

序号	仪 器 类 别	仪 器 型 号	适 用 等 级
1	水准仪	DS_{05}	一等水准测量
		DS_2	二等水准测量
		DS_3	三、四等水准测量

续表 4.2.3

序号	仪器类别	仪器型号	适用等级
2	全站仪	0.5″；1mm + 1ppm	一、二等跨河水准测量
		1″；2mm + 2ppm	三等跨河水准测量
		2″；2mm + 2ppm	四等三角高程测量
3	GNSS 接收机	双频或多频；5mm + 1ppm 或 3mm + 2ppm	一、二等跨河水准测量
			三等跨河水准测量
			四等高程测量

2 水准仪、水准标尺及其附件等应参照现行《国家一、二等水准测量规范》（GB/T 12897）和《国家三、四等水准测量规范》（GB/T 12898）中有关规定进行检验与校正。

3 DS_{05}、DS_1 型水准仪 i 角应不大于 15″，超限的自动安平水准仪应送厂校正，超过 20″所测成果作废；DS_3 型水准仪 i 角应不大于 20″。

4 补偿式自动安平水准仪，二等水准测量补偿误差绝对值应不大于 0.2″，三等水准测量补偿误差绝对值应不大于 0.5″。

5 水准尺上的每米间隔平均长与名义长之差：因瓦水准尺应不大于 0.15mm，条形码尺应不大于 0.1mm，双面水准尺应不大于 0.5mm。

条文说明

本条对水准测量使用的仪器及相关附件的要求做出规定，并给出精度要求与水准测量等级的对应关系，水准仪、水准标尺及其附件的检校标准参照现行《国家一、二等水准测量规范》（GB/T 12897）和《国家三、四等水准测量规范》（GB/T 12898）中的相关规定。

4.2.4 水准测量的主要技术要求应符合表 4.2.4 的规定。

表 4.2.4 水准测量的主要技术要求

等级		一等	二等	三等	四等
观测次数	与已知点联测	往返	往返	往返	往返
	环线或附合路线	往返	往返	往返	往返
往返较差、环线或附合路线闭合差限差（mm）	平丘地	$1.8\sqrt{L}$	$4\sqrt{L}$	$12\sqrt{L}$	$20\sqrt{L}$
	山地	—	—	$3.5\sqrt{n}$ 或 $15\sqrt{K}$	$6\sqrt{n}$ 或 $25\sqrt{K}$
检测已测测段高差之差限差（mm）		—	$3\sqrt{R}$	$6\sqrt{R}$	$20\sqrt{R}$	$30\sqrt{R}$

注：计算往返较差时，L 为水准点间的路线长度（km）；计算环线或附合路线闭合差时，K 为环线或附合路线的长度（km）；n 为测站数；R 为检测测段的路线长度（km）。

条文说明

各等级水准测量的主要技术要求，引自现行《国家一、二等水准测量规范》（GB/T 12897）和《国家三、四等水准测量规范》（GB/T 12898）中的相关规定。

在山地进行水准测量，因受地形条件的限制，视距较短，路线的测站数增加，往、返测较差或附合路线、环线闭合差相应增大，其限差可适当放宽，三等水准测量为 $15\sqrt{K}$，四等水准为 $25\sqrt{K}$，将距离计算的限差转化为以测站数计算的限差，设每千米测站数为 16 个，得到山地往、返测较差或附合路线、环线闭合差的限差。

4.2.5 水准测量测站观测的主要技术要求应符合表 4.2.5 的规定。

表 4.2.5 水准测量测站观测的主要技术要求

等级	仪器最低型号	水准尺类型	视线长度（m）		前后视距差（m）		任一测站上前后视距差累积（m）		视线高度（m）		数字水准仪重复测量次数
			光学	数字	光学	数字	光学	数字	光学（下丝读数）	数字	
一等	DS$_{05}$	因瓦	≤30	≥4且≤30	≤0.5	≤1.0	≤1.5	≤3.0	≥0.5	≤2.80且≥0.65	≥3
二等	DS$_1$	因瓦	≤50	≥3且≤50	≤1.0	≤1.5	≤3.0	≤6.0	≥0.3	≤2.80且≥0.55	≥2
三等	DS$_1$	因瓦	≤100	≤100	≤2.0	≤3.0	≤5.0	≤6.0	三丝能读数	≥0.35	≥1
三等	DS$_3$	双面木尺单面条码	≤75	≤75							
四等	DS$_1$	因瓦	≤150	≤100	≤3.0	≤5.0	≤10.0	≤10.0	三丝能读数	≥0.35	≥1
四等	DS$_3$	双面木尺单面条码	≤100	≤100							

注：下丝为近地面的视距丝。几何法数字水准仪视线高度的高端限差一、二等允许到 2.85m，相位法数字水准仪重复测量次数可以为上表中数值减少 1 次。所有数字水准仪，在地面震动较大时，应随时增加重复测量次数。

条文说明

本条给出了等级水准测量主要技术要求，对光学水准仪和数字水准仪的技术要求分别做出规定，引自现行《国家一、二等水准测量规范》（GB/T 12897）和《国家三、四等水准测量规范》（GB/T 12898）。

4.2.6 测站观测顺序和方法应符合现行《国家一、二等水准测量规范》（GB/T 12897）和《国家三、四等水准测量规范》（GB/T 12898）中有关规定。

4.2.7 水准测量的测站观测限差应符合表 4.2.7 的规定。

表 4.2.7 水准测量的测站观测限差

等级	上下丝读数平均值与中丝读数的差		基辅分划（红黑面）读数的差（mm）	基辅分划（红黑面）所测高差的差（mm）	检测间歇点高差的差（mm）
	0.5cm 刻划标尺（mm）	1cm 刻划标尺（mm）			
一等	1.5	3.0	0.3	0.4	0.7
二等	1.5	3.0	0.4	0.6	1.0
三等	中丝读数法		2.0	3.0	3.0
	光学测微法		1.0	1.5	
四等	中丝读数法		3.0	5.0	5.0

注：对数字水准仪，同一标尺两次读数差可不设限差，两次读数所测高差的差应执行基辅分划（红黑面）所测高差之差的限差。

条文说明

本条对等级水准测站观测限差做出规定，引自现行《国家一、二等水准测量规范》（GB/T 12897）和《国家三、四等水准测量规范》（GB/T 12898）。

4.2.8 水准测量作业应符合下列规定：

1 水准观测前 30min 应将仪器置于露天阴影下，使仪器与外界气温趋于一致；观测应在标尺成像清晰、稳定时进行，并用测伞遮蔽阳光，避免仪器曝晒。

2 严禁把尺垫安置在沟边或壕坑中。

3 观测中水准仪三脚架的两脚应与水准路线的方向平行，而第三脚轮换置于路线前进方向的左侧与右侧；除路线转弯处外，仪器与前后标尺的位置应接近一条直线。

4 同一测站观测时，不应两次调焦；转动仪器的测微螺旋时，其最后旋转方向应为旋进。

5 每一测段的往测与返测，测站数均应为偶数；由往测转向返测时，两标尺应互换位置并应重新整置仪器。

条文说明

为了消除或削弱水准测量作业过程中的系统误差，提出具体作业要求，引自现行《国家一、二等水准测量规范》（GB/T 12897）。

4.2.9 观测成果的重测与取舍应符合下列规定：

1 因测站观测限差超限，在迁站前发现可立即重测；迁站后发现时，则应重测该测段。

2 测段高差较差超限时应重测，重测成果的取舍应符合下列要求：

1) 一、二等水准重测后，应选用两次异向观测的合格成果；其他等级应将重测结果与原测结果分别比较，其较差均不超限时，应取三次结果的平均数。

　　2）超限测段多次重测后，出现同向观测结果较差不超限而异向观测结果间较差超限的分群现象时，同方向高差不符值小于限差的1/2时，则取原测的往返高差中数作为往测结果，取重测的往返高差中数作为返测结果。

　　3　由往返高差不符值计算的每千米水准测量偶然中误差超限时，应重测不符值较大的测段。

　　4　附合路线或环线闭合差超限，应重测环线或附合路线上往返不符值较大或观测条件较差的测段。

条文说明

　　为了控制观测值中引入粗差，对水准测量观测成果的重测和取舍做出规定。主要从检查测站观测限差、测段往返观测高差不符值限差、环线或附合路线闭合差限差以及计算的每千米水准测量偶然中误差限差等超限时，指导如何重测与选用测量成果。

4.3　跨河水准测量

4.3.1　跨河水准测量应符合下列规定：

　　1　水准路线跨越江河（海）、深沟及峡谷等障碍物，一、二等水准测量视线长度不超过100m（三、四等水准测量不超过200m）时，可采用一般方法进行观测，但在测站上应变换仪器高度观测，两次高差之差应不大于1.5mm（三、四等水准测量不大于7mm），取用两次结果的中数。视线长度超过以上限差时，应根据视线长度和仪器设备等情况，选用跨河水准测量方法。

　　2　跨河水准测量可采用测距三角高程法、GNSS水准测量法、经纬仪倾角法和倾斜螺旋法。跨越距离不大于3 500m时，跨河水准测量方法可依据表4.3.1的规定进行合理选择；跨越距离大于3 500m时，应根据测区现场条件进行跨河水准测量的专项设计。

表4.3.1　跨河水准测量方法主要技术特征及跨距范围

观测方法	技术特征	跨越距离（m）
测距三角高程法	使用精密测角仪器对向观测，测定偏离水平视线的标志倾角；用测距仪量测距离，求出两岸高差	≤3 500
GNSS水准测量法	使用GNSS接收机和水准仪分别测定两岸点位的大地高差和同岸点位的水准高差，求出两岸的高程异常和两岸高差	≤3 500
经纬仪倾角法	使用两台经纬仪对向观测，测定水平视线上、下两标志的倾角，计算水平视线位置，求出两岸高差	≤3 500
倾斜螺旋法	使用两台水准仪对向观测，用倾斜螺旋或气泡移动来测定水平视线上、下两标志的倾角，计算水平视线位置，求出两岸高差	≤1 500
光学测微法	使用一台水准仪，用水平视线照准觇板标志，并读记测微鼓分划值，求出两岸高差	≤500

3 跨河水准测量的等级应与首级高程控制网的等级要求一致。

条文说明

（1）根据现行《公路勘测细则》（JTG/T C10），水准路线通过宽度为等级水准测量的标准视线长度的2倍以下的江河、山谷时，一般采用水准测量观测方法，但在测站上应变换仪器高度观测2次，并检核两次高差。由于一、二等水准测量的视线长度限差分别为30m、50m，三、四等的视线长度限差均为100m，因此规定一、二等水准测量的最大跨越距离不超过100m和三、四等水准测量的最大跨越距离不超过200m时，可以采用一般方法进行观测。两次观测高差之差的限差引自现行《公路勘测细则》（JTG/T C10）。

（2）常规的跨河水准测量的方法主要有测距三角高程法、经纬仪倾角法、倾斜螺旋法和光学测微法；随着GPS技术的发展，国家水准测量规范中引入了GPS水准测量法。鉴于目前全站仪、GNSS技术的发展，优先推荐采用测距三角高程法与GNSS水准测量法。

（3）不同的跨河水准测量的方法适用的跨越宽度不同；跨越宽度大于3 500m时，由于各种影响因素的不确定性，必须根据测区条件进行专项设计。选取方法引自现行《国家一、二等水准测量规范》（GB/T 12897）。

4.3.2 跨河水准测量场地应符合下列规定：

1 采用测距三角高程法、经纬仪倾角法、倾斜螺旋法和光学测微法进行跨河水准测量时，应符合下列要求：

1）应选用水准测线附近跨越距离较窄，且利于所选择跨河水准测量方法实施的场地。

2）跨河水准视线不得通过草丛、干丘、沙滩的上方。

3）宜选在地势较高处进行跨河水准测量，但同岸点和两岸跨越点间的高差应接近相等；采用测距三角高程法时，观测垂直角应小于1°；跨越距离大于500m时，跨越视线高度应不低于$4\sqrt{S}$ m，S为跨河水准视线长度（km）；视线高度不能满足要求时，应埋设牢固的标尺桩，并建造稳固的观测台或标架。

4）跨河水准视线宜避免正对日照方向；宜选择背景开阔、亮度适中、有利于减弱大气折光的区域设置立尺点；现场条件确有困难时，可适当增大跨越距离，或采用灯体式照准标志。

5）布设跨河水准测量场地，应使两岸仪器及标尺点构成平行四边形、等腰梯形或大地四边形。

6）在两岸距跨越点100~300m的水准路线上宜各选埋水准标石一座，并填绘水准点之记。

7）跨河场地布设完毕后，应绘制跨河水准场地图及固定点（或标石点）联测图。

2 采用 GNSS 测量法进行跨河水准测量时应符合下列要求：

1）海拔高程大于 500m 的地区，不宜进行 GNSS 水准测量。两岸高差变化大于 70m/km 的地区，不宜进行一等 GNSS 水准测量；大于 130m/km 的地区，不宜进行二等 GNSS 水准测量。

2）应选用水准路线附近跨越距离较窄，且有利于 GNSS 观测及水准联测的场地。应避开周围障碍物遮挡严重、强电磁干扰、地面基础不稳定及行人、车辆来往较多等区域。

3）应根据已有地形、水准、重力及大地水准面精化成果等资料，选择两岸大地水准面具有相同变化趋势，且变化相对平缓的方向上布设跨越轴线。

4）每岸应至少布设 1 个非跨越点，且宜位于跨越点连线的延长线上。同岸非跨越点间、非跨越点与跨越点间的距离均宜与跨越距离大致相等。非跨越点偏离跨越轴线方向的垂距和垂距互差不得大于跨距的 1/25。现场地形、点位环境不能满足上述要求时，可在同岸侧布设 2 个位置相近且相对跨越轴线大致对称的非跨越点，但非跨越点与跨越点间的距离不宜小于 2km。

5）场地布设完毕后，应绘制跨河水准场地图及固定点（或标石点）联测图。

条文说明

（1）对于常规跨河水准测量，无论是测站布置还是观测程序，均需从尽量消除大气折光的影响与提高观测质量出发，因此对测量场地提出要求。引自现行《国家一、二等水准测量规范》（GB/T 12897）。

（2）GNSS 跨河水准测量法的基本思想是假定测线上高程异常的变化率不变，从而可以从同岸点的高程异常变化率求得跨河段的高程异常变化率，进而求出跨河段的高程异常差，因此规定测线、测点的布置要求。引自现行《国家一、二等水准测量规范》（GB/T 12897）。

4.3.3 跨河水准测量的主要技术要求应符合下列规定：

1 一、二等跨河水准观测的主要技术要求应符合表 4.3.3-1 的规定。

表 4.3.3-1 一、二等跨河水准观测的主要技术要求

跨越距离 D（m）	一 等			二 等		
	最少时段数	双测回数	半测回中的组数	最少时段数	双测回数	半测回中的组数
$100 < D \leq 300$	2	4	2	2	2	2
$300 < D \leq 500$	4	6	4	2	2	4
$500 < D \leq 1\,000$	6	12	6	4	8	6
$1\,000 < D \leq 1\,500$	8	18	8	6	12	8
$1\,500 < D \leq 2\,000$	12	24	8	8	16	8
$2\,000 < D \leq 3\,500$	$6S$	$12S$	8	$4S$	$8S$	8

注：S 为跨河水准视线长度（km）。

2 三、四等跨河水准观测的主要技术要求应符合表4.3.3-2的规定。

表4.3.3-2 三、四等跨河水准观测的主要技术要求

跨越距离 D (m)	三 等			四 等		
	最少时段数	双测回数	半测回中的组数	最少时段数	双测回数	半测回中的组数
100 < D ≤ 300	1	2	3	1	2	3
300 < D ≤ 500	2	2	3	—	—	—
500 < D ≤ 1 000	2	2	3	—	—	—

条文说明

根据表4.1.6中规定桥梁高程控制网的等级选择要求，桥梁跨越宽度小于200m时，首级高程控制网可以采用三等，加密网可以采用四等，因此本条四等只给出了100 < D ≤ 300的技术要求。各等级跨河水准观测的主要技术指标，引自现行《国家一、二等水准测量规范》（GB/T 12897）和《国家三、四等水准测量规范》（GB/T 12898）。

4.3.4 跨河水准测量外业观测应符合下列规定：

1 采用光电测距三角高程法、经纬仪倾角法、倾斜螺旋法和光学测微法进行跨河水准测量时，应符合下列要求：

1）跨河水准观测宜在风力较小、气温变化较小的阴天进行，只要成像清晰、稳定即可进行观测；有条件也可在夜间进行观测，日落后1h起至日出前1h止。

2）晴天观测应在日出后1h开始，太阳中天前2h止；下午自中天后2h起至日落前1h止。根据地区、季节、气候等情况适当变通。雨后初晴和大气折射变化较大时，均不宜观测。观测开始前30min，应先将仪器置于露天阴影下，使仪器与外界气温趋于一致。观测时应遮蔽阳光。

3）水准标尺应用尺架撑稳，并注意使圆水准器的气泡居中。

4）一测回的观测中，应采取措施确保上、下两个半测回对远尺观测的视准轴不变。

5）仪器调岸时，标尺应随同调岸。一对标尺的零点差不大时，可待全部测回完成一半时调岸。

6）一测回观测完成后，应间歇15~20min再开始下一测回观测。

7）两台仪器对向观测时，应保持通信畅通，使两岸同测回观测做到同时开始与结束。

8）跨河水准测量取用的全部测回数，上、下午应各占一半。

9）跨河观测前，应对两岸的普通水准标石（或固定点）与标尺点，进行一次往返测，检测标尺点是否变动。

2 采用GNSS测量法进行跨河水准测量时，观测中应符合下列规定：

1）每个观测时段开始及结束前应各量取一次天线高；观测时段长度超过2h时，

应在时段中间时刻增加量取一次；三次量高互差应不大于2mm，取平均值作为该时段天线高量取值；互差超限时，应查明原因，并应在测量手簿对应观测时段备注栏注明。

2）天线高量取应精确至1mm，宜取互为120°方向上的天线高（互差小于2mm）的均值作为一次量高值。

3）采用不同类型接收机进行测量作业时，应在测量手簿中准确记录天线量高类型（如斜高、垂高）和量取位置（如量高标志线、天线底部、护圈中心）等内容。

4）观测期间，观测员应注意检查天线对中、水平气泡变化情况；观测时段时长大于2h时，以上检查应每间隔1h查看一次。一时段观测过程中，不应改变卫星截止高度角、采样间隔、天线位置。

条文说明

对于常规跨河水准测量观测的要求，主要技术指标引自现行《国家一、二等水准测量规范》（GB/T 12897）。采用GNSS测量时，主要参考现行《全球定位系统（GPS）测量规范》（GB/T 18314）及《国家一、二等水准测量规范》（GB/T 12897）中有关规定。为了确保计算高程异常的精度，天线高的量取十分重要，因此对天线高的量取进行规定。每个时段开始及结束时应量取一次天线高，且两次较差不大于3mm，顾及特大跨径公路桥梁观测条件复杂多变的特点以及在崇启大桥、苏通大桥实际工作中的经验，除了在每个时段开始及结束时量取一次天线高，时段超过2h时，在时段中间时刻量取一次天线高，同时三次互差不大于2mm。

采用不同类型接收机进行作业时，顾及不同型号天线的天线高量取方式不同，应在测量手簿中详细记录天线高类型和量取位置等内容，方便后续的数据处理与检查。

4.3.5 光电测距三角高程法应符合下列规定：

1 光电测距三角高程测量可用于跨越江河（海）、高山峡谷等障碍物的桥梁施工高程传递。

2 全站仪和经纬仪的垂直度盘测微器行差应不大于2.0″，一测回垂直角观测中误差不得大于3.0″；使用全站仪实施二等跨河水准测量，其标称测角精度应不低于0.5″、测距精度应不低于1mm＋1ppm。跨越距离不大于2 000m时，可安置一块觇牌式照准标志；跨越距离大于2 000m或通视条件较差时，应安置上、下两块觇牌式或采用灯体式照准标志。采用的跨河水准测量照准标志应符合本规范附录F的规定。

3 本岸测站点间高差测定宜采用几何水准测量法按同等级水准测量要求进行往返观测，取往返测高差中数作为测站点间高差的正式成果，并以此作为检测和计算测站点仪器高的基准。

4 距离测量应符合下列规定：

1）本岸测站点间的距离可用测距仪器测定或钢卷尺直接丈量。使用钢卷尺丈量时，往返各读三次，三次测定的距离互差和往返测距离中数之差，均不大于3mm。

2）跨河测站点间距离测量应采用全站仪或测距仪测定。测距的准备工作、观测方法和作业要求、气象元素测定、成果记录及重测取舍，气象、加常数、乘常数修正值的计算及边长归算等，均按现行《中、短程光电测距规范》（GB/T 1681）的相应规定执行。距离测量主要技术要求应符合表4.3.5的规定。

表4.3.5 距离测量主要技术要求

跨河水准等级	测距仪精度等级	观测时间段		一个时间段内测回数	一测回读数间较差（mm）	测回中数间较差（mm）	往返（或时间段）测距中数的较差（mm）
		往	返				
一	Ⅱ	2	2	4	≤10	≤15	≤2($a+b \cdot D$)
二	Ⅱ	1	1	6	≤10	≤15	≤2($a+b \cdot D$)
三	Ⅱ	1	1	6	≤10	≤15	≤2($a+b \cdot D$)
四	Ⅱ	1	1	6	≤10	≤15	≤2($a+b \cdot D$)

注：1. a、b 为测距仪标称参数值，D 为所测距离（km）。
2. 每照准一次，读4次数为一测回。进行对向观测有困难时，可单向观测，但总的观测时间段不得减少。
3. 测距仪和反射镜的高度量至mm，两次量测之差应不大于3mm。各次设站高度可不一致。测距仪和反射镜的高度量取方法应符合本规范附录K的规定。

3）光电测距施测困难时，可取静态GNSS精密测距成果作为测距边长使用。

5 垂直角观测采用盘左盘右观测法，每个盘位照准觇板标志或标灯四次，四次照准读数之差应不大于3″。采用上、下觇板观测时，上、下标志垂直角分别计算高差。垂直角观测的指标差互差应不大于8″，同一标志垂直角互差应不大于4″。

6 测回高差互差限差应小于 $4M_\Delta \sqrt{N \cdot S}$ mm（M_Δ 为每千米观测高差偶然中误差，N 按双测回数计）。由大地四边形组成三个独立闭合环，用同一时段的各条边高差计算闭合差。各环线的闭合差 W 应不大于按式（4.3.5）计算的限值：

$$W = 6M_W \cdot \sqrt{S} \tag{4.3.5}$$

式中：M_W——每千米水准测量的全中误差限值（mm）；
S——跨河水准视线长度（km）。

7 观测成果的重测和取舍应符合下列规定：

1）测回间互差超限时，首先应重测孤立值；无孤立值时，应重测一大一小。若出现分群现象，则应分析是否因时间段不同而分群，并应计算环线闭合差加以分析；若确属时间不同而产生分群，同时环线闭合差无超限现象，该成果可不重测。有闭合差超限的测回时，此测回应重测。重测后仍分群，有上、下觇板的，应利用其间距检验垂直角的观测精度，并结合观测条件进行综合分析，然后对成果进行重测和取舍，直到所测成果全部符合要求为止。

2）环线闭合差超限，测回间互差较小且无其他情况时，此成果可采用。测回间互差大或超限时，则应重测。

条文说明

现行《国家一、二等水准测量规范》（GB/T 12897）和《国家三、四等水准测量规范》（GB/T 12898）中均对光电三角高程测量在跨河水准测量中的应用提出了技术要求，顾及我国特大跨径公路桥梁越来越多地建设在峡谷的特点（如湖南矮寨大桥、云南龙江大桥），本规范在此基础上，将光电测距三角高程应用范围扩大到跨障碍物（江河、湖海、峡谷等）的桥梁施工高程传递。

距离测量、垂直角观测方法和技术指标以及测回间高差互差限值指标均引自现行《国家一、二等水准测量规范》（GB/T 12897）和《国家三、四等水准测量规范》（GB/T 12898）。基于目前静态 GNSS 精密测距可以达到毫米级精度，因此光电测距施测困难时，亦可采用其成果作为测距三角高程的距离使用。

4.3.6 GNSS 水准测量应符合下列规定：

1 水准路线需跨越江河（海）、峡谷等障碍物，且跨越宽度大、水准测量不易施测或绕行距离远时，可采用 GNSS 水准测量方法进行跨河高程传递。

2 GNSS 水准测量仅适用于地形起伏小、高程异常变化平缓的地区，且宜结合水准测量、光电测距三角高程测量、重力测量等方法综合确定跨越点间高差。

3 观测所采用 GNSS 接收机的垂直方向标称精度应不低于 5mm + 1ppm。

4 宜使用同一种类型的 GNSS 接收机和天线进行观测，且同步观测 GNSS 接收机不少于 4 台。两种及以上类型接收机和天线参与同一期 GNSS 水准测量作业时，应提供天线半径、相位中心偏移及变化、天线参考点位置等几何参数，并在已知基线上进行对比测试，超过相应等级限差时不得使用。

5 GNSS 水准测量的主要技术要求应符合表 4.3.6-1 的规定。

表 4.3.6-1 GNSS 水准测量的主要技术要求

等级	跨越距离 D（m）	每岸非跨河点数	各基线边重复观测时段数	GNSS 网相邻点间基线长精度	
				a（mm）	b（ppm）
一等	$1\,500 < D \leqslant 3\,500$	≥2	≥8	≤5	1
二等	$500 < D \leqslant 1\,000$	≥2	≥4	≤5	1
	$1\,000 < D \leqslant 1\,500$	≥2	≥4		
	$1\,500 < D \leqslant 2\,000$	≥2	≥6		
	$2\,000 < D \leqslant 3\,500$	≥2	≥8		
三等	$100 < D \leqslant 1\,000$	≥2	≥4	≤8	2
四等	$100 < D \leqslant 300$	≥2	≥4	≤8	2

6 同岸水准点间的水准联测等级，应高于跨河 GNSS 水准测量的精度等级。

7 GNSS 水准观测技术要求应符合表 4.3.6-2 的规定。

表 4.3.6-2 GNSS 水准观测技术要求

项 目	等 级			
	一等	二等	三等	四等
卫星截止高度角（°）	≥15	≥15	≥15	≥15
同时观测有效卫星数	≥4	≥4	≥4	≥4
观测时段数	6S	4S	4	2
时段长度（min）	120	120	60	45
采样间隔（s）	10	10	10	10
PDOP	≤6	≤6	≤6	≤6

注：1. 计算得到的观测时段数采用四舍五入后的整数。
   2. S 为跨河水准视线长度（km）。
   3. 表中规定的所有观测时段，一等应在 72h 内完成观测，二等应在 48h 内完成观测。

条文说明

根据 GNSS 水准测量的原理，要确定跨越点间的高差除了需要 GNSS 测量，还要结合水准测量或测距三角高程测量法。因同岸点高差主要采用水准测量获取，因此实施区域需便于实施水准测量，即要求区域地形起伏小、高程异常变化平缓。在 GNSS 水准测量中，大地高差的精度除与接收的卫星位置、GNSS 实际观测值有关外，与天线高的量取、天线相位中心偏移以及天线高参考点等密切相关，因此规定了 GNSS 观测的技术要求。

GNSS 观测技术要求主要参照现行《国家一、二等水准测量规范》（GB/T 12897）中的要求，由于现行《国家三、四等水准测量规范》（GB/T 12898）没有对 GNSS 水准测量实施三、四等跨河水准测量的具体要求，本条参照现行《全球定位系统（GPS）测量规范》（GB/T 18314）中 D、E 级 GPS 测量的相关要求以及在崇启大桥、苏通大桥实际工作中的经验，制定了三、四等观测的具体要求，三、四等 GNSS 水准测量观测时段数分别为 4 个和 2 个，时段长度分别为 60min 和 40min。

4.4 GNSS 拟合高程测量

4.4.1 GNSS 拟合高程测量应符合下列规定：

1 GNSS 拟合高程测量，仅适用于平原、丘陵及开阔地区的三等及以下等级高程测量。

2 桥梁跨越宽阔水域时，优先墩高程控制点加密可采用 GNSS 拟合高程测量。经检核加密控制点的高程拟合精度不低于三等桥梁高程控制网的精度时，控制点成果方可使用。跨越宽阔水域水准测量完成后，应根据贯通测量成果对正在施工桥墩的 GNSS 高程进行修正。

3 GNSS 拟合高程测量宜与 GNSS 平面控制测量同步进行，其观测技术要求应不低于本规范表 3.2.7 中相应等级平面控制测量技术要求。

条文说明

GNSS 拟合高程测量在跨海大桥基础施工、贯通测量中得到了广泛应用。研究表明，在东海大桥、杭州湾大桥和港珠澳大桥施工测量中，其测量精度已经能满足三等水准测量要求，因此本规范指出 GNSS 拟合高程测量适用于三等及以下等级高程测量。

4.4.2 GNSS 拟合高程外业测量工作应符合下列规定：

1 GNSS 拟合高程测量应在测区周围和测区内进行水准点联测，且联测水准点的等级应高于 GNSS 拟合高程测量的精度等级。

2 联测的水准点应在测区范围内均匀分布，外围水准点连成的多边形应包括整个测区。

3 联测水准点的个数应根据测区已有控制点数量、所选用的高程拟合方法合理确定。平原地区不宜少于 6 个，丘陵或山地不宜少于 10 个。待求高程点较多时，联测点数量宜大于未知点数量的 1/5，联测点间的距离不宜超过 5km。

4 地形高差起伏较大的地区，应在地形变换部位适当增加联测水准点个数，且宜分区进行高程拟合。

5 GNSS 观测技术要求应按本规范第 3.2 节的有关规定执行；天线高的量取应按本规范第 4.3.4 条的有关规定执行。

条文说明

在进行 GNSS 拟合高程测量时，要遵循"由高级到低级"的测量原则，因此，应在测区周围和测区内进行水准点联测，且联测等级不低于 GNSS 拟合高程测量的等级。水准联测的要求引自现行《公路勘测细则》（JTG/T C10）。

4.4.3 GNSS 拟合高程计算应符合下列规定：

1 应对联测的已知高程点进行可靠性检验，并剔除不合格点。

2 GNSS 高程拟合可采用线性拟合、二次曲线拟合、平面拟合、二次曲面拟合及多面函数拟合等方法；具体应结合测区地形、水准、重力等相关成果资料，在掌握区域大地水准面变化基本特征的基础上合理确定；宜利用似大地水准面精化成果。

3 宜采用不同的高程拟合方法进行试算，对拟合高程模型进行优化。

4 对需利用拟合模型推求正常高的水准点，其点位不宜超出 GNSS 拟合高程模型所覆盖的范围。

5 GNSS 拟合高程成果应进行下列检验：

1）测区内所有利用拟合模型推求正常高的水准点，应连成闭合或附合水准线路，其高差闭合差应符合本规范表 4.2.4 的规定。

2）高差检测点数应不少于全部待求高程点数量的 10%，且不少于 3 个点。可采用相应等级的水准测量和光电测距三角高程测量方法进行检验。对三等 GNSS 拟合高程测量，检测测段高差较差应不大于 $20\sqrt{R}$ mm（R 为检测测段的长度，km）；对四等及以下等级 GNSS 拟合高程测量，高差较差应不大于 $30\sqrt{R}$ mm。

条文说明

GNSS 高程拟合的质量主要与拟合点、拟合模型的选取与应用等有关。首先要确保拟合点的准确性，不合格的点需剔除。选取的拟合模型只有与测区实际高程异常分布吻合才可以得到好的拟合成果，因此模型要根据拟合方法特点结合测区环境和相关因素选取，也可采取多种方法进行计算，优化拟合模型。由于拟合区域外的拟合误差较大，而且可靠性无法保证，因此规定拟合模型区域外的水准点不宜利用拟合模型推求正常高。GNSS 拟合高程成果的检验指标引自现行《国家一、二等水准测量规范》（GB/T 12897）。

4.5 内业计算

4.5.1 高程测量宜采用电子记录，在不适宜电子记录的特殊地区可采用手簿记录。手簿记录宜采用《国家一、二等水准测量规范》（GB/T 12897—2006）中的标准记录格式，并统一编号，手簿中记载项目和原始观测数据应字迹清晰、端正，填写齐全。

条文说明

随着电子技术和数字办公的发展，为方便后续数据处理，外业测量越来越多地采用电子记录的方式进行。特别对于水准测量，电子记录软件已相当成熟，因此提出优先采用电子记录，能大大提高工作效率。在电子记录无法开展的地区，采用手簿记录需采用标准的记录格式，按规定要求填写。

4.5.2 水准测量外业验算项目应包括下列内容：
1 观测手簿应经 100% 的检查。
2 根据测段往返测高差不符值按式（4.5.2-1）计算每千米高差中数的偶然中误差 M_Δ；高程路线闭合环较多时，还应根据环闭合差按式（4.5.2-2）计算每千米高差中数的全中误差 M_W：

$$M_\Delta = \pm \sqrt{\frac{1}{4n}\left[\frac{\Delta\Delta}{R}\right]} \qquad (4.5.2\text{-}1)$$

$$M_W = \pm \sqrt{\frac{1}{N}\left[\frac{WW}{F}\right]} \qquad (4.5.2\text{-}2)$$

式中：Δ——测段往返测高差不符值（mm）；
R——测段长度（km）；
n——测段数；
W——经过各项改正的水准环闭合差（mm）；

F——水准环线周长（km）；

N——水准环数。

条文说明

水准测量外业验算项目及各指标计算方法引自现行《国家一、二等水准测量规范》（GB/T 12897）。

4.5.3 测距三角高程跨河水准测量外业验算与数据处理应包括下列内容：

1 记录手簿检查和整理。

2 对斜距进行各项改正，主要包括：气象改正，加常数、乘常数改正。

3 概略高差计算：

1）单向观测：

$$h_{ij} = S_{ij} \cdot \sin\alpha_{ij} + \frac{1-K}{2R} \cdot \cos^2\alpha_{ij} \cdot S_{ij}^2 + I_i - V_j \quad (4.5.3\text{-}1)$$

2）对向观测：

$$h_{ij} = \frac{1}{2}[S_{ij} \cdot \sin\alpha_{ij} - S_{ji} \cdot \sin\alpha_{ji} + (I_i - V_j) - (I_j - V_i)] \quad (4.5.3\text{-}2)$$

式中：K——大气垂直折光系数；

R——平均地球曲率半径（m）；

h_{ij}——测站 i 与镜站 j 之间的概略高差（m）；

S_{ij}——经气象和加、乘常数改正后的斜距（m）；

α_{ij}——测站 i 与镜站 j 之间垂直角（°）；

α_{ji}——测站 j 与镜站 i 之间垂直角（°）；

I_i——i 站的仪器高（m）；

V_j——j 站的棱镜高（m）；

I_j——j 站的仪器高（m）；

V_i——i 站的棱镜高（m）。

4 根据概略高差，计算附合路线或闭合环的闭合差，并按下式进行检校：

1）由各路线算得同一路线的高差较差限值 $\mathrm{d}H_m$：

$$\mathrm{d}H_m = 4M_\Delta \cdot \sqrt{N \cdot S} \quad (4.5.3\text{-}3)$$

2）由大地四边形组成的三个独立闭合环，采用各条边平均高差计算闭合差，各环线的闭合差限值 W_m：

$$W_m = 6M_W \cdot \sqrt{S} \quad (4.5.3\text{-}4)$$

式中：N——独立路线数；

S——跨越距离（km）；

M_Δ——每千米高差中数的偶然中误差（mm）；

M_W——每千米高差中数的全中误差（mm）。

条文说明

三角高程测量完成后，要检查和整理外业观测记录手簿，对光电测距的结果进行各项改正后，计算概略高差；数据处理计算公式引自现行《公路勘测细则》（JTG/T C10）。附合路线或闭合环的闭合差检校标准引自现行《国家一、二等水准测量规范》（GB/T 12897）。

4.5.4 GNSS 水准测量数据处理应符合下列规定：

1　GNSS 基线解算应符合下列要求：

1）基线解算应采用经有关部门鉴定通过的专用软件或随接收机配备的商用软件。

2）应采用双差相位观测值，以 2h 时段数据为一单元，按单基线或多基线模式解算，并采用双差固定解作为最终结果。跨越距离大于 500m 时，应采用精密星历进行解算；跨越距离大于 1 500m 时，应按多基线模式进行解算。

3）基线解算的起算点坐标，宜选用国家高等级控制网点的坐标成果；亦可采用单点定位结果，其观测时间应不少于 2h。要求观测精度达到三等以上时，起算点坐标应采用 IGS 测站或连续运行参考站的坐标。

2　GNSS 基线解算的质量检核应按本规范第 3.4.1 条的规定执行。其中，重复基线的大地高高差互差应不大于 $2\sqrt{2}\sigma$ mm。

3　GNSS 网平差应以某一跨越点作为起算点，该起算点的三维坐标可在 CGCS2000 坐标系或 WGS-84 坐标系中表示。GNSS 网平差各项限差的校核应按本规范 3.4.1 条的规定执行。

条文说明

GNSS 水准测量基线解算、质量检核和网平差的方法主要引自现行《国家一、二等水准测量规范》（GB/T 12897）。现行《国家一、二等水准测量规范》（GB/T 12897）中指出基线解算可采用单基线或多基线模式，本规范根据课题组在苏通大桥的实际工作经验和近年来相关研究结果，认为跨越距离大于 500m 时，应采用精密星历进行解算；跨越距离大于 1 500m 时，应按多基线模式进行解算。

4.5.5　各等级高程网的平差计算应根据最小二乘原理按间接平差法进行，计算成果应包括各点的高程、每千米高差全中误差、高程中误差等。

条文说明

主要引自现行《国家一、二等水准测量规范》（GB/T 12897）。由于本规范有最弱点高程中误差的指标要求，因此增加计算高程中误差。

4.5.6 高程网平差时，可按下列方法定权。精度要求较高时，可采用方差分量估计的方法重新定权。水准测量的高差权值可按式（4.5.6）计算：

$$P = \frac{1}{L} \text{ 或 } P = \frac{1}{n} \tag{4.5.6}$$

式中：L——路线长度（km）；

n——测站数。

条文说明

高程网平差时，定权直接影响平差结果。根据国家规范及长期经验给出了定权方法。但对于高精度高程控制网，为了确保定权的合理性，提出采用方差分量估计重新定权。

4.5.7 高程控制网平差应采用严密平差方法。平差所用专业软件或计算程序应经过国家计量鉴定或验算证明。

4.5.8 高程成果的取值，一、二等水准应精确至 0.1mm，三、四等水准应精确至 1mm。

4.6 资料提交

4.6.1 高程控制测量应提交下列资料：
1 水准网略图、点位说明资料及技术设计书；
2 仪器检定、校正资料；
3 原始观测记录；
4 水准网、三角高程网验算资料；
5 高程平差计算成果和精度评定资料；
6 测量技术总结报告。

条文说明

参考《高程控制测量成果质量检验技术规程》（CH/T 1021—2010）中要求提交的资料。

4.6.2 高程控制测量成果应经审核合格后使用。

5 施工测量的基本工作

5.1 一般规定

5.1.1 施工测量应符合下列规定：

1 施工测量人员应与工程其他专业人员密切配合，了解桥梁结构特点、工程进度、施工工艺等内容。

2 在施工测量开始前，应熟悉工程设计图纸和文件，了解工程总体和单项工程设计、施工及验收对测量工作的技术要求；依据相关规范标准，制定相应的测量方案，必要时应进行技术论证。

3 观测记录手簿应随测随记，内容填写完整、字迹清晰，严禁转抄、伪造。采用电子手簿时，应由现场测量人员检查确认后使用。

4 施工测量成果资料应统一编号、分类归档、妥善保管。

5 现场作业时，应遵守有关安全、技术操作规程。

6 测量仪器设备应妥善保管，定期检定、维护、保养。

条文说明

本条是为了规范施工测量人员的作业方法与程序，加强测量人员的责任心，对施工测量人员提出的要求。

5.1.2 放样工作开始前，应详细查阅设计图纸，核对已知及放样数据资料，了解设计要求与现场施工条件。应根据施工测量精度要求，选择合理的放样方法，并编制放样作业实施细则。

条文说明

设计图纸、已知及放样数据资料是施工放样的基础，设计要求与现场施工条件是选择放样方法的依据，因此对施工测量人员在施工放样前的准备工作做出本条规定。

5.1.3 应按正式设计图纸和文件（包括变更通知）进行放样。对设计文件图纸中的有关数据和几何尺寸，应经检核确认无误后作为放样的依据。

条文说明

设计图纸作为施工放样的基础对放样结果的正确性起到决定性的作用，因此要求依据正式设计图纸和文件，并对图纸的有关数据与尺寸进行检核；否则可能会造成不可估量的损失。

5.1.4 施工放样加密控制点应埋设牢固，使用方便，并妥善保护。平面和高程施工加密控制网的等级选择应符合本规范表 3.1.3 和表 4.1.6 的规定。

条文说明

根据现场施工进度与施工放样需求，需要建立加密控制点。为了确保加密点的稳定、可靠，对加密点的埋设进行规定。

5.1.5 点位放样完成后，应利用已有检核条件进行点位检核；施工现场获取的放样资料，应经复核确认无误后使用。

条文说明

施工放样是后续施工的依据，不允许出现差错；否则会造成不同程度的损失。因此现场放样后要进行检核，检核合格后进入下一道工序。

5.1.6 放样后，应及时填写放样成果报验单。

条文说明

填写放样成果报验单是施工放样工作的基本程序，也是重要的存档资料。施工测量人员要及时完成，不能借助回忆填写。

5.2 放样数据的准备

5.2.1 放样前，应根据设计图纸或施工控制有关数据以及使用的控制点成果计算放样数据，绘制放样草图，所有数据均应经两人独立校核。用计算机程序计算放样数据时，应核对原始数据输入的正确性。

条文说明

事先准备好放样数据和草图是对施工测量人员的常规要求。在当前计算机广泛应用的情况下，特别要强调原始数据的正确性，因此，计算数据的准备和输入工作十分重要。

5.2.2 在准备放样数据时，应考虑设计的预拱量或预偏量等，并将各个修正项的计算值填写到放样数据表中，以备核查。

条文说明

由于后序施工会对前序施工的结构产生一定的影响，如预应力张拉、混凝土徐变、钢箱梁架设等，为使后序施工完成后结构获得满意的设计线形，需在施工时设置一定数值的预拱量和预偏量，因此，放样前需根据工况要求计算好预拱量和预偏量，以备查阅。

5.2.3 应将施工区域内的各级控制点成果及计算放样数据编制成册，方便使用和调阅。

条文说明

为了方便现场施工测量人员查找、核对控制点数据，应将控制点成果及计算放样数据编制成册，方便使用和调阅。

5.2.4 现场放样的测量数据应记录在放样手簿中，各栏目应填写完整，字体应整齐清楚，不得任意涂改。填写应包括下列内容：
1　工程部位，放样日期，气象条件，观测员、记录员及检查员姓名；
2　所使用的控制点名称、坐标和高程成果，设计图纸编号，放样数据来源；
3　放样数据及草图；
4　放样过程中的实测资料、与设计数据的偏差；
5　放样使用的主要仪器设备、放样方法。

条文说明

现场测量数据是测设结构物的原始资料，也是结构施工质量评定、监理、验收的备查凭证，要做好放样手簿记录，保证测量资料的完整性和可追溯性。

5.3　平面坐标放样方法

5.3.1 平面坐标放样方法可采用全站仪三维坐标法、交会法、自由设站法、GNSS RTK 法、CORS 测量法等。

条文说明

常规的平面坐标放样方法有全站仪三维坐标法、交会法、自由设站法，具有简单、方便且精度高的特点，但作业范围小，且一般至少需要 2 个后视点。随着 GNSS 技术的发展，GNSS RTK 法速度快、方便灵活，而且精度可以满足一般需求的施工放样，特别对于位于宽阔水域的桥梁基础施工,可以发挥 GNSS 不需要通视的优点。大量实践证明,GNSS RTK 法和 CORS 测量法可以满足基础施工的需要,因此提出平面坐标放样方法可采用 GNSS RTK 法和 CORS 测量法。

5.3.2 桥梁总长大于 5km 时,宜建立桥梁施工专用 CORS 系统。桥梁建设所在地已有建成的 CORS 系统且能满足施工需要时,可采用当地的 CORS 系统进行放样。在利用 CORS 系统进行 RTK 放样前,应进行精度与可靠性测试,相关测试方法应符合本规范附录 H 的规定。

条文说明

GNSS RTK 法通过在已知控制点上临时设立一个参考站,流动站即可在距参考站 5km 范围内接收到参考站电台信号的地方完成厘米级定位。但随着距离的增加,要求更换参考站。连续运行参考站系统(CORS)则可以为测区提供连续的参考站服务。因此提出桥梁总长大于 5km 时,宜建立网络 RTK 即桥梁施工专用 CORS 系统。CORS 系统以其稳定、高质量的数据链,可在更大范围内提供高精度实时定位服务,为工程建设提供统一的坐标基准,大大降低作业成本,提高生产效率。鉴于 CORS 系统的定位质量受多方面的影响,为了确保放样的精度与可靠性,系统建成后要进行精度与可靠性测试。

5.3.3 放样前应进行放样点位的精度估算,并根据放样点位精度要求、现场作业条件、所采用的仪器设备合理选择放样方法。点位精度估算应符合本规范附录 D 的规定。

条文说明

放样方法的选择主要取决于施工的精度要求、现场条件与所使用的仪器设备,选定施工放样方法后应进行精度估算。本规范附录 D 给出了几种常用坐标放样点位精度的估算公式,目的是供测量人员根据施工精度和现场条件选择合适的放样方法。给出的精度估算公式均未考虑起始数据的误差。

5.3.4 施工放样宜利用等级平面控制点。利用轴线点、临时控制点等施工加密控制点进行放样时,应考虑加密点的测设误差。

条文说明

放样方法不但与放样精度有关,也与现场施工条件和仪器设备有关,还与放样控制点有关。本条提出两种可利用控制点是为了便于作业人员综合考虑。

5.4 高程放样方法

5.4.1 高程放样方法可采用水准测量法、测距三角高程法、悬挂钢尺传高法、全站仪精密传高法等。桥梁桩基高程放样时，可采用GNSS RTK法或CORS测量法。

条文说明

根据放样点的位置不同，高程放样的方法可以选择水准测量法、测距三角高程法、悬挂钢尺传高法和全站仪精密传高法，四种方法均可达到毫米级的精度要求。对于基础施工，顾及其精度要求不高，现场条件不适合采用以上四种方法时，可以采用GNSS RTK法和CORS测量法。理论推导与大量的实践证明，GNSS RTK法和CORS测量法可以满足基础施工测量的需要。

5.4.2 构筑物基础部分高程放样中误差要求不大于10mm的部位，宜采用水准测量法。

5.4.3 构筑物高程放样采用水准测量难以施测时，宜采用测距三角高程法，且应加入地球曲率改正和大气折光改正，并校核相邻点的高程。

5.4.4 桥墩、塔柱等高耸构筑物高程传递，可采用测距三角高程法或悬挂钢尺传高法。对100m以上高塔柱的高程传递，宜采用全站仪精密传高法。悬挂钢尺传高法、全站仪精密传高法应符合本规范附录C的规定。

条文说明

水准测量法、测距三角高程法、悬挂钢尺传高法、全站仪精密传高法四种高程放样方法具有不同的特点与适用条件。水准测量方法精度高，但只适用于小高差高程放样。测距三角高程法方便灵活，精度高，是目前工程施工中最常用的方法，但需要考虑地球曲率改正和大气折光的影响。悬挂钢尺传高法、全站仪精密传高法适于高差稍大的垂直高程放样或传递，精度高，但作业程序复杂。对于钢尺高程传递法和全站仪精密传高法，测量人员由于不常使用，因此在本规范附录C中列出其计算方法。

5.5 立模放样

5.5.1 立模放样应符合下列规定：
1 立模放样应包括测设各种构筑物的立模轮廓点和轴线点；对已安装好的模板、预埋件进行形体和位置的检查。

2 在设计无明确要求时,模板安装的允许偏差应符合表5.5.1的规定。

表5.5.1 模板安装的允许偏差

项 目		允许偏差（mm）
模板高程	基础	±15
	柱、墙和梁	±10
	墩台	±10
模板内部尺寸	上部构造的所有构件	0，+5
	基础	±30
	墩台	±20
轴线偏位	基础	15
	柱或墙	8
	梁	10
	墩台	10
装配式构件支承面的高程		-5，+2
模板相邻两板表面高低差		2
模板表面平整		5
预埋件中心线位置		3
预留孔洞中心线位置		10
预留孔洞截面内部尺寸		0，+10
支架和拱架	纵轴的平面位置	跨度的1/1 000或30
	曲线形拱架的高程（包括建筑拱度在内）	-10，+20

3 混凝土预制构件拼装及高耸构筑物中间平台相对高差的允许偏差,同一层应为±3mm。

条文说明

1 模板安装的允许偏差引自现行《公路桥涵施工技术规范》（JTG/T F50）相关规定。在表5.5.1的允许偏差栏中,允许偏差数值前出现"±"号的是指极限误差,数值前没有符号的是指同向偏差,数值前为"+"号的是指最大正偏差,数值前为"-"号的是指最大负偏差。

2 为了保证拼装面水平,同一层四个角的高差之差不超过一定的限值。由于拼装面一般范围不大,允许偏差为±3mm是根据四等水准测量一测站的读数精度要求规定的。

5.5.2 细部放样应符合下列规定：
1 立模的放样点以距构筑物轮廓线0.2~0.5m为宜；放样直线段上的相邻点间距

以 5~8m 为宜；曲线段上的相邻点间距以 4~6m 为宜。

2 立模的放样点宜利用桥梁控制点测设，也可利用增设的构筑物纵横轴线点测设。

3 立模放样宜采用全站仪三维坐标法；大型直线形构筑物的放样亦可在坐标方格网测设基础上施测。

4 滑升模板放样点的点位中误差应不大于表5.5.2的规定。

表5.5.2 滑升模板放样点的点位中误差

项 目		点位中误差	
		平面（mm）	高程（mm）
轴线间相对位移		5	—
竖直度	本层	3	—
	总高度	$H/3\ 000$	
截面尺寸	墙、柱	5	3
	梁	5	

注：1. H 为建筑总高度（m）。
　　2. 点位中误差均相对于构筑物的固定轴线。

5 混凝土构筑物的高程放样，应符合下列规定：

1）对连续垂直上升的构筑物，除横梁、门洞等特殊构件部位外，高程放样的精度要求可适当放宽，但应进行高程校核，避免粗差。

2）对斜面等特殊形体的部位，其高程放样的精度应与平面位置放样的精度相一致。

3）对混凝土抹面层有金属结构埋件的部位，其高程放样的精度应高于平面位置的放样精度；可根据不同的精度要求，采用水准测量方法或液体静力水准法，并进行高程校核。

6 施工现场水准点标志无法保留时，应将其高程引测至稳固的构筑物上，引测精度应达到原水准点测量精度要求。

条文说明

规定放样点的密度是实际经验的总结，要求放样位置距立模位置有一定距离是为了便于模板调整时使用和安全操作。

对不同的施工工艺、不同的结构物形状，可以选择不同的立模放样方法。滑升模板的立模放样要求与一般分块浇筑的情况不同，要求上下保持严格的相对关系，因此主要确保测设点的点位中误差。将允许偏差的1/2作为测量的点位中误差。

在混凝土构筑物施工的不同阶段、不同部位，高程放样的精度要求不同，因此可以视不同情况采用不同的放样方法。由于高程与平面位置在某些部位有很强的相关性，因此在不同的部位进行高程放样时，其精度要求不同，对此要加以注意。

在施工过程中，临时水准点不能保存时，允许另行建立，但引测精度要求不低于原有水准等级，是为了强调高程精度的一致性。

5.5.3 立模放样后，在混凝土浇筑前应对立模放样点进行检核。发现与设计位置有较大偏差或存在系统误差时，应重新放样。

条文说明

立模放样点不同于开挖放样点，一旦有错，将可能造成严重后果，故突出强调检查工作。

5.5.4 资料整理应符合下列规定：
1 现场放样工作完成后，应及时提交"测量放样单"或"测量检查成果单"，应包括下列内容：
  1）单项工程名称、放样的工程部位以及测点所在部位的略图；
  2）放样点与设计边线的关系或各放样点的坐标和实测高程值；
  3）放样数据的来源和需要特别说明的问题；
  4）放样日期和放样者姓名。
2 放样工作结束后，应整理并保存下列资料：
  1）放样计算资料和放样中采集的数据；
  2）现场施工放样手簿；
  3）小组自检记录和放样略图底稿。
3 由电子记录器或计算机输出的野外观测记录、计算资料等应及时整理，并加注必要的说明。
4 分项工程完工后，应整理并保存下列资料：
  1）放样数据计算资料；
  2）竣工测量手簿及施测方法简明报告；
  3）分项工程竣工测量资料及图表；
  4）分项工程测量技术小结；
  5）其他辅助测量资料。

条文说明

施工测量作为构筑物施工的重要环节，施工测量资料的整理、管理与保存对后续工程的质量评定、施工控制、资料归档等都起着重要作用。本条主要根据施工测量的程序给出了不同阶段的资料整理要求。

5.6 金属结构安装测量

5.6.1 金属结构安装测量应符合下列规定：
1 金属结构安装测量应包括下列工作内容：

1）安装轴线和高程工作基点的测设；
2）安装点的放样；
3）安装竣工测量等。

2 应在金属结构安装轴线点和高程工作基点埋设稳定的金属标志，并采取必要的保护措施。

3 金属结构安装测量时，应综合考虑施工现场情况，优化测量方案，确保满足金属构件拼装精度要求。

条文说明

金属结构是指嵌入混凝土的金属结构（如索道管、索鞍底座等），其安装测量不同于一般的施工放样，相对精度要求较高。为保证安装的质量，本条主要从包括的内容、对工作基点的埋设要求、测量方案的制定等方面提出要求。

5.6.2 安装轴线及高程工作基点的测设应符合下列规定：

1 金属结构的安装轴线测设的精度要求，应根据设计要求确定。

2 在安装过程中，原安装轴线或高程基点遭到破坏的，可按下列方法进行恢复：

1）利用其余的轴线点或高程基点进行恢复。
2）根据精确安装就位的构件轮廓线或基准面恢复。
3）按原测量精度要求，由平面或高程控制网点重新测设。
4）对恢复的轴线或高程基点应进行校核。

3 测设安装部位的高程工作基点应符合下列要求：

1）同一安装部位，应测设两个或两个以上的高程基点。
2）安装工程高程基点的测设，宜采用水准测量方法；高程基点布设在高塔柱上时，宜采用全站仪精密传高法。

条文说明

金属结构的安装轴线及高程工作基点是确保结构安装质量的基础，也是确保相对高精度的关键，因此本条详细规定了安装轴线点及高程工作基点的测设要求。由于施工现场干扰大，已建立的轴线点或高程工作基点遭到破坏后，结合破坏的不同情况，需采用不同的恢复方法。

5.6.3 安装点放样应符合下列规定：

1 安装点放样前，应建立由安装轴线和高程基点组成的局部控制网，并以严密平差后的成果作为测设基准。

2 基础支承面、地脚螺栓的允许偏差应符合表5.6.3-1的要求。

表 5.6.3-1　支承面、地脚螺栓的允许偏差

工 程 部 位	项　　目	允许偏差（mm）
支承面	高程	±3
	水平度	1/1 000
地脚螺栓	螺栓中心偏移	5
预留孔	中心偏移	10

3　安装点的测设应符合下列要求：

1）安装点应由安装轴线点和高程基准点直接测设。

2）安装点的测设可采用全站仪三维坐标法或极坐标法。

3）距离测量宜采用钢尺量距，且应加尺长、温度、倾斜等改正。钢尺量距的技术要求应符合表 5.6.3-2 的规定。

表 5.6.3-2　安装点钢尺量距的技术要求

拉　力	温度最小读数（℃）	测 量 次 数	同测次串尺		相 对 误 差
			读数次数	较差（mm）	
与检定钢尺时相同	0.5	2	2	≤1	≤1/1 000

4）使用光电测距仪测量距离时，宜采用距离差分法测量。

5）方向线测设宜采用角度归化法，且后视距离不宜小于前视距离的 2 倍，并通过测回法测定水平角进行检核。

6）高程放样应采用水准测量法，按二等水准测量技术要求施测。

条文说明

基于金属结构安装需要较高的相对精度，等级控制网不能满足结构安装的需要。要求基于测设的轴线与高程工作基点建立高精度的局部控制网或微型控制网，并进行严密平差。

为了确保安装点的测设精度，要求采取减小各种误差及提高放样精度的措施。为了限制基准传递引起误差累积，安装点要求直接由安装轴线点和高程基准点测设。距离测量采用精密钢尺量距法或距离差分法测量；方向线测设采用角度归化法。距离测量的距离差分法测量是指将光电测距仪或全站仪架设在需要测量距离的延长线上，测定测站点至两端的两段距离，两段距离差即为所需距离。此方法能消除测距仪或全站仪加常数的误差，从而提高距离测量的精度。

5.6.4　安装点检核应符合下列规定：

1　对已测设安装点应进行点位及其相对几何关系的检核，并应符合下列要求：

1）宜采用与测设时不同的基准点或变换施测方法进行检核。

2）对由基准点直接测设的一组安装点，应检核其与其他间接放样安装点间的相对几何关系。

3）对采用铅垂投影测设的一组安装点，应对点间几何距离进行检核。
4）对安装点的高程，应采用变换测设基准或变更仪器高法进行检核。

2 平面和高程安装点的检测值与放样值的较差，应不大于放样点测设误差的$\sqrt{2}$倍。

3 安装构件的竖直度检测可采用悬挂重锤法。

条文说明

为了确保安装点放样的正确性，需进行检核。采用悬挂重锤法检测安装构件的竖直度时，需在距构件10～20cm范围内用细钢丝悬挂重锤，并将重锤置于盛有阻尼溶液的桶中；待重锤处于静止状态时，用小钢板尺量取构件检查部位与垂线之间的水平距离。

5.6.5 资料提交应符合下列规定：

1 测设的安装点经检查合格后，应填写安装测量放样成果表，提交安装单位使用。

2 分项工程安装工作结束后，应将安装放样资料、竣工检查验收成果以及设计图纸等整理归档。

条文说明

施工测量作为构筑物施工的重要环节，施工测量资料的整理、管理与保存对后续工程的质量评定、施工控制、资料归档等都起到重要作用。本条主要根据施工测量的程序给出了不同阶段的资料整理要求。

6 桥梁施工测量

6.1 一般规定

6.1.1 桥梁施工测量宜从控制点、加密控制点直接实施。需设置临时控制点时，其精度应符合相应等级的精度要求，并应与相邻控制点联测或检核。

条文说明

特大跨径公路桥梁施工测量时直接使用控制点、加密控制点，可减少误差积累和传播，提高施工测量的精度。在不便于直接使用的情况下，可设置临时控制点；但其精度应符合相应等级的精度要求，并与相邻控制点联测或检核。特大跨径公路桥梁往往分为多个标段同时施工，施工现场条件复杂时，控制点使用频率较高，其稳定性难以保证。因此，为了确保施工测量的可靠性，需要在施工前全面收集与工程相关的测量资料，并对原有控制点进行必要的检核。主要包括：检查控制点成果数据及精度说明，校核控制点间的方位，并根据点之记核实点名、标石、觇标等的完整性，必要时需要进行控制网的复测检核。

6.1.2 对于相对精度要求高于施工控制网精度的特殊构件的安装测量，应建立安装专用控制网。

条文说明

强调各独立结构之间相对精度高于施工控制网精度的特殊构件安装测量，通常因为施工控制网精度的限制无法满足特殊构件安装测量较高的相对精度要求，要通过引入桥梁施工控制基准建立安装专用控制网满足特殊构件安装测量要求。

6.1.3 施工测量前，应根据作业要求进行测量仪器参数的设置和检查。

6.1.4 应根据现场条件选择合理方便的施工测量方法，并进行精度估算或精度验证。

条文说明

本条是为方便施工测量，保证放样点精度、减少粗差、防止错误的基本要求。

6.1.5 宽阔水域和海上桥梁施工控制网的加密，可将加密点布设在水中优先墩等专门施工测量平台上。

条文说明

在宽阔水域和海上桥梁施工中，可以根据现场实际情况选用科学合理的测量方法如三角网测量、GNSS测量、光电测距三角高程测量等，将平面位置和高程引测到水中构筑物上。实践证明，本条规定可以满足桥梁施工加密控制网的精度要求。

6.1.6 施工测量时应选择合适的观测条件；条件不利时，应采取恰当的观测措施减弱风力、温度、日照、潮汐等不利环境因素的影响。

条文说明

本条是为保证测量精度、减少温度、日照、风等不利环境因素的影响提出的要求。

6.2 桩基础及承台

6.2.1 桩基础施工测量应包括钢护筒、钻孔、钢筋骨架放样和测量等内容，并应符合下列规定：

1 钢护筒吊装、振打过程中应对钢护筒平面偏差和竖直度进行连续测定。钢护筒中心偏差和竖直度宜采用全站仪三维坐标法测量，平面坐标测量中误差应不大于20mm。

2 钢护筒就位后，应采用全站仪三维坐标法、GNSS RTK法或CORS测量法对中心点平面坐标和高程进行检核。钻孔前，可在中心桩位纵、横轴线方向上设置指示桩，用于钻机初步定位。

3 钻机中心位置可通过直接测量钻机钻盘中心确定，也可测量转盘径向线上两个对称点的坐标间接确定。

4 钻孔过程中提钻、更换钻头后，钻机复位应重新测定钻机中心位置，并通过水准仪测定钻机底盘四个角点高程进行水平校正，各角点高差的测量中误差应不大于3mm。钻杆、转盘中心、桩孔中心应在同一铅垂线上，宜采用全站仪检查。

5 钢筋骨架宜采用全站仪三维坐标法进行定位；中心平面坐标的测量中误差应不大于10mm，顶端高程测量中误差应不大于10mm，底面高程测量中误差应不大于25mm。

6 采用GNSS打桩船定位系统时，应对打桩船定位系统进行可靠性测试。每个承台的第一根桩应进行校核，可采用下列方法：

1) 全站仪三维坐标法重复测量或几何关系检查；
2) 变换GNSS参考站进行重复测量。

7 应量取群桩基础各桩中心之间的几何距离进行校核。

条文说明

对钢护筒在振打过程中进行连续测定是非常必要的，是保证钢护筒最终精确就位的必要工作。

钻孔时，同样要进行钻孔定位和检查。特别要说明的是，钻机底盘四角抄平，需要采用水准仪，以保证钻孔竖直度。各种钻孔方法的开孔都具有导向作用，在开孔时孔位偏移、竖直度、孔径超过允许偏差时，若继续钻进，偏差会越来越大。

在离陆地较远的（一般大于2km）施工水域进行桩基础施工时，常规的测量定位方法难以实现，近年来已在杭州湾大桥、东海大桥、渤海湾大桥以及苏通大桥成功应用了GNSS打桩船定位系统。该系统将定位和打桩工作进行组合，能够实时地测定打桩船的位置和姿态，同时也要通过测距系统测量出桩体相对于打桩船的位置，通过坐标系统转换计算出桩体的位置偏差和竖直度，并以图形和数字形式显示，为打桩人员提供参考数据。由于该项定位技术的难度较大，操作复杂，因而本规范提出在采用此方法打桩时，要先做好专项设计和试验工作。

6.2.2 基础承台施工测量应包括模板定位、承台顶底面高程放样、承台轴线偏差检测等内容，并应符合下列规定：

1 采用模板制作承台时，宜采用全站仪三维坐标法、GNSS RTK法或CORS测量法，亦可建立坐标方格网。高程放样宜采用几何水准测量或测距三角高程测量。

2 采用钢套箱制作承台时，钢套箱定位测量包括着床前的初步定位、着床时的精确定位和着床后下沉过程中的偏位测量。定位测量应符合下列规定：

1）测量方法可采用全站仪三维坐标法、GNSS RTK法或CORS测量法。
2）钢套箱着床时宜每10~30min观测1次，着床后可每下沉2m测量1次。
3）钢套箱沉放完成后，应进行位移监测，测量频次不宜低于1次/天；钢套箱稳定后，可停止位移监测工作。

3 承台定位测量中误差应不大于10mm；承台顶面高程测量中误差应不大于10mm；承台轴线偏差限差应为±15mm。

条文说明

用钢套箱法围堰施工水中承台时，在条文中提出了相应的监测要求，是根据润扬大桥、苏通大桥、南京二桥的工程实践总结得出的基本要求。当水深较大或流速较大时，要根据实际情况加强监测工作。承台定位测量中误差、承台顶面高程测量中误差、承台轴线偏差的限差均是由相关桥梁工程实践总结并结合现行《公路工程质量检验评定标准 第一册 土建工程》（JTG F80/1）提出的。设计、施工监控、施工等有特别要求时，需按照特别要求执行。

6.3 沉井基础

6.3.1 沉井基础施工测量应包括沉井制作、下沉及封底等相关测量工作，并应符合下列规定：

1 用以测量沉井刃脚的水准点，其高程测量不低于四等水准测量的精度。沉井的高度标志应稳固且便于观测，沉井高度测量中误差应不大于3mm。

2 沉井上的定位观测标志与沉井顶平面的几何相对关系尺寸偏差应不大于20mm。

6.3.2 沉井制作测量工作包括沉井角点的平面坐标和高程测量，可采用全站仪三维坐标法放样。

条文说明

沉井基础施工测量要求是依据现行《公路工程质量检验评定标准 第一册 土建工程》（JTG F80/1）提出的。通过对施工全过程各道工序的质量控制，保证沉井几何相对关系达到合格评定标准。

6.3.3 沉井沉放时，应测量沉井的平面位置、扭角、倾斜、刃脚高程及施工需要的局部水文资料，并符合下列规定：

1 沉井下沉前，应在内外壁面上标出纵、横向轴线，在沉井四周标出以沉井刃脚为起算零点的高度点。对水中沉井，应采用测深仪或测深锤测量井位处河床的平整度。根据需要测量沉井附近河床冲刷，必要时应测量局部流速、流向。

2 沉井高程和轴线测量，在初沉阶段应每2h测量一次，必要时可连续观测，及时纠偏。沉井入水下沉时，应适当增加测量频次。沉井着床及下沉过程中，应随时对河床的冲刷情况进行测量。

3 沉井正常下沉过程中，每天至少测量高程一次，2~3d测量轴线一次。

4 沉井接高时，应根据沉井倾斜值和设计尺寸向上推算顺接。接高完成后，应标出沉井顶面十字线和高度面。

5 沉井下沉到距设计高程2m左右时，应每小时测量一次沉井的高程和轴线。

6 沉井下沉到设计高程后，应测量沉井顶面高程和轴线位置，推算沉井顶部及底部的位移、倾斜、扭角、刃脚高程。沉井施工的允许偏差应符合下列规定：

1) 底面、顶面中心与设计中心的偏差应符合设计要求。设计无要求时，一般沉井纵、横向偏差应不大于1/50井高，浮式沉井偏差应不大于250mm。

2) 沉井的竖直度应不大于1/50井高。

3) 一般沉井的平面扭转角偏差应不大于1°，浮式沉井的平面扭转角偏差应不大于2°。

7 陆地沉井下沉应对沉井周围2~3倍的沉井高度范围内的建（构）筑物及地表

进行沉降和水平位移测量。

条文说明

沉井沉放过程的监控要求，是依据现行《公路桥涵施工技术规范》（JTG/T F50）、上海市《市政工程施工及验收技术规程》《江阴大桥北锚沉井沉放监控工作总结》和《泰州大桥中塔沉井沉放监控方案》，综合其他工程经验提出的。对水中沉井，需要测量河床冲刷情况，以便及时采取相应的措施，保证着床后的姿态。

6.3.4 水下混凝土封底测量应符合下列规定：
1 在沉井封底工作平台上布设加密高程控制点，高程测量中误差应不大于30mm。
2 采用测锤测量沉井基底高程，两次测量互差的限差应为50mm。
3 定时测量混凝土面及导管底高程，高程偏差应不大于100mm。混凝土灌注接近设计高程时，应随灌随测，加强复核。
4 沉井封底完成后，应测量封底混凝土面的高程。

条文说明

为了保证水下混凝土封底的厚度，需测量导管底高程，达到控制导管埋深的目的。导管埋入深度过浅，则后灌注的混凝土将冲破先灌注的混凝土而与水接触，发生夹层，影响质量；导管埋深不能过大，否则混凝土流布速度降低，延长灌注时间，甚至使超压力过小混凝土从导管中流不出来。

6.4 地下连续墙

6.4.1 地下连续墙施工测量应包括导墙平面轴线和连续墙轴线及高程放样等内容，并应符合下列规定：
1 轴线放样宜采用全站仪三维坐标法或坐标方格网法；高程放样宜采用几何水准测量或测距三角高程测量。
2 导墙平面轴线应与地下连续墙的平面轴线平行，其轴线偏差应不大于10mm，两导墙内墙面间的距离偏差应不大于5mm，导墙顶面的高程测量中误差应不大于5mm。
3 成槽机的水平度可利用水准仪调整，成槽机抓斗的竖直度可利用全站仪进行控制。成槽过程中，可利用成槽机上的竖直度仪表及自动纠偏装置，保证成槽竖直度，并使用全站仪进行检查。
4 成槽结束后，可采用超声波方法对槽段竖直度进行检测，采用测锤测量孔底高程，深度的允许偏差应为0~100mm。连续墙钢筋笼下放时，可采用全站仪进行竖直度的测量和控制。

条文说明

地下连续墙施工测量要求是依据现行《公路桥涵施工技术规范》（JTG/T F50）提出的，控制标准是依据现行《公路工程质量检验评定标准 第一册 土建工程》（JTG F80/1）提出的。

6.4.2 地下连续墙施工完成后，宜在施工平台上建立坐标方格网，以便基坑支撑的细部放样。

条文说明

地下连续墙施工放样时，建立坐标方格网是一种有效的控制方法。

6.4.3 在基坑开挖阶段，应开展必要的监测工作，其监测方案应进行专门设计；具备条件时，宜建立基坑信息化施工监控系统。

条文说明

特大跨径公路桥梁的基坑均较大，在基坑开挖阶段，为保证施工安全，需要开展监测工作。监测工作是多专业协同完成的，要准确地进行安全评价是很复杂的，因此提出专门设计的要求。建立基坑开挖信息化监控系统是对有条件或有必要的工程而言的，不做统一要求。润扬大桥北锚碇地下连续墙基坑开挖时，建立了信息化施工监控系统，取得了良好的效果。

6.5 桥墩和索塔

6.5.1 现浇桥墩施工测量应符合下列规定：
1 桥墩中心或轴线位置应利用首级施工控制点或施工加密点进行测设，采用全站仪三维坐标法。对于宽阔水域和跨海桥梁桥墩，可采用 GNSS RTK 法或 CORS 测量法。
2 高程放样宜采用几何水准测量法，也可使用悬挂钢尺测量法。对于宽阔水域和跨海桥梁桥墩高程，亦可采用 GNSS 高程拟合法测定。
3 桥墩轴线偏差应不大于 10mm，高程偏差应不大于 20mm。
4 桥墩竖直度应不大于 3/1 000 墩高且墩顶水平位置偏差应不大于 20mm。
5 全部或部分桥墩完成后，应采用导线测量检测跨距偏差，采用测距三角高程检测高程偏差。桥墩跨距偏差或高程偏差超过 20mm 时，应根据实测的跨距偏差对相关桥墩逐一进行调整。

条文说明

桥墩施工放样采用 GNSS RTK 法时，一般需要建立作用范围和实时定位精度满足施工放样要求的 GNSS 参考站。参考站设置及 RTK 测量参照本规范附录 G 的相关规定执行。

对于宽阔水域和跨海桥梁桥墩高程，采用 GNSS 高程拟合法测定；每次测高前，在控制点上进行 GNSS RTK 比对，求取 GNSS RTK 测高改正常数，并在已放样好的标志上进行验证。

桥墩轴线偏差和高程偏差控制标准是依据现行《公路工程质量检验评定标准 第一册 土建工程》（JTG F80/1）提出的。

当桥墩跨距偏差或高程偏差超过 20mm 且不大于允许偏差时，要根据实际偏差量逐墩进行调整，达到消减桥面架设误差的目的。

6.5.2 预制桥墩安装测量应符合下列规定：

1 安装前，应检测预制桥墩底部每个支腿的长度，长度偏差应不大于 2mm。底面应垂直于预制墩身中轴线，其偏差应不大于 0.5%。

2 安装前，应在承台顶面和预制桥墩上放样并标记墩柱中心纵横轴线或轮廓线。

3 吊装就位前，应采用几何水准测量或静力水准测量测定承台顶面洼坑内四个短柱支点的顶面高差，顶面高差的偏差应不大于 2mm。吊装桥墩前，应复核导向设施位置。

4 墩身就位后，应测量桥墩顶面轮廓点坐标，墩顶的轴线偏差应不大于 10mm。可采用铅垂投点法或悬挂垂球法测定桥墩竖直度，必要时按设计要求调整墩身竖直度。

条文说明

预制墩身吊装就位前，需要再次测量复核承台顶面洼坑内安装的混凝土支座的支点顶面高程，确保各支点顶面齐平，复核导向设施位置；墩身安装过程中，跟踪测量墩身高程、平面位置和竖直度，发现偏差时，可在墩身支承面上适当抄垫钢板调整墩身节段平面安装位置和竖直度。墩身就位后，需要立即检查墩身位置与竖直度。

6.5.3 混凝土索塔施工测量应包括索塔、横梁模板的平面位置和高程放样等内容，并应符合下列规定：

1 宜采用全站仪三维坐标法放样，亦可采用内控法放样。高程放样可采用测距三角高程测量法；横梁和索塔顶面可采用全站仪精密传高法测设临时高程控制点，并采用几何水准测量法放样。

2 索塔节段轴线偏差应不大于 10mm，截面尺寸偏差应不大于 10mm，索塔顶面高程偏差应不大于 10mm，索塔竖直度应不大于 1/3 000 索塔高且应不超过 30mm。

3 测量时间宜选择在夜间或气温变化较小的时段进行，亦可通过测定变形量修正放样值。

4 对于其他各节段垂直上升的索塔，除横梁、预埋件等结构部位外，高程放样的精度要求相对较低，主要应防止粗差的产生。

5　索塔的劲性骨架定位宜采用全站仪三维坐标法或悬挂重锤法测量。

6　随着索塔的升高，应选择在较小风力时进行放样工作。索塔现场放样数据应根据设计值和计算的补偿量确定。模板定位后，浇筑混凝土前，应进行检核。

7　索塔施工高度超过100m后，应进行日照变形观测，观测时段不宜小于48h。根据观测结果，绘出周日变形曲线图，求得最大和最小周日变形量，并列出最小周日变形时段，以指导施工测量。

8　索塔施工过程中，应定期对工作基点进行检核。

条文说明

日照会引起索塔周日变形，必要时通过计算对施工放样加以修正，因而测量时要求选择有利的观测时段，以提高观测的精度。

劲性骨架有利于支架和模板的架设和定位有利于斜拉桥劲性骨架精确的安装，亦有利于斜拉桥索道管的安装和定位，所以节段间的定位很重要。放样方法可采用全站仪三维坐标法和天顶法。由于全站仪的发展，全站仪三维坐标法的应用已十分普遍，而天顶法的应用越来越少，因此在条文中指出的是全站仪三维坐标法放样。

全站仪三维坐标法放样是一种利用全站仪三维坐标的控制功能，同时测出每个测点的三维坐标而不另外单独进行水准测量的方法。具体作业方法是将全站仪架设在已有三维坐标的某一测站点上，并将测站点三维坐标和仪器高、觇标高输入仪器，后视另一控制点，使后视方向值与该方向的方位角相同，同时将棱镜置于测点上，用全站仪测量出测点的三维坐标。

索塔高度大于100m时，高程传递可采用全站仪精密传高法，这是因为索塔较高时，悬挂钢尺传高法的精度较低，测量人员劳动强度大，受外界影响的因素多。全站仪精密传高法已成功应用于润扬大桥、南京三桥和苏通大桥，其高程传递的精度优于5mm。

索塔预偏量是指索塔横梁处在预应力张拉前，塔身向两侧预留偏移的量，待张拉后达到设计位置，其值由设计单位给出，放样时需加以考虑。预拱量是指索塔徐变和索塔受后续加劲梁架设压缩的量，在索塔浇筑时预先抬高的量，其值由设计单位给出，放样时需加以考虑。

索塔下工作基点的变化对索塔施工质量有很大关系。为了避免工作基点变化造成较大影响，需要定期与控制网联测，以便工作基点变化时能得到及时修正。

6.5.4　钢索塔安装测量应包括钢索塔底部钢混结合段定位、钢索塔节段安装测量、节段顶面高差测量等内容，并应符合下列规定：

1　底部钢混结合段预埋件定位测量和钢索塔安装前，应按二等控制网精度建立安装专用控制网，必要时应进行专门设计和论证。

2　底部钢混结合段预埋件定位和钢索塔节段安装测量，宜在夜间气温变化较小且风速小于12m/s的条件下进行。

3　底部钢混结合段预埋件平面位置偏差应不大于2mm，高程偏差应不大于1.5mm。

4 节段顶面高差和上下游节段间相对高差采用几何水准测量，应按二等水准的观测要求进行往返观测；节段顶面高差应不大于0.4mm。

5 索塔竖直度应不大于1/4 000索塔高。

条文说明

鉴于底座安装和钢索塔架设的相对精度要求高，在规范中提出需建立专用的控制网是非常有必要的。其偏差要求是依据南京三桥钢索塔和泰州大桥中塔施工的要求提出的，经检验是可以达到的指标。

6.5.5 横梁施工测量应符合下列规定：

1 横梁施工前，应对索塔中心位置和高程进行检核。

2 横梁模板定位宜采用全站仪三维坐标法；高程放样可采用测距三角高程测量或全站仪精密传高法。横梁轴线偏差应不大于10mm，外轮廓尺寸偏差应不大于20mm，高程偏差应不大于10mm。

3 钢横梁安装前，应检查预埋件位置。

条文说明

横梁施工测量控制标准与现行《公路工程质量检验评定标准 第一册 土建工程》(JTG F80/1) 要求一致。

6.6 锚碇及锚固系统

6.6.1 锚碇施工测量应包括基础底面高程测量、锚碇模板放样、锚碇高程放样及锚碇轴线偏位检测；预应力锚固系统施工测量应包括支架、预应力管道及后锚梁安装测量等内容。

6.6.2 锚碇和预应力锚固系统施工测量，应在锚块及其四周布设加密控制点；平面及高程测量精度等级均应不低于三等。

条文说明

平面及高程加密控制点测量精度不应低于三等的要求，是根据锚固系统施工测量的精度要求提出的。

6.6.3 锚碇施工测量应符合下列规定：

1 锚碇开挖过程中，锚碇基础底面高程测量宜采用全站仪三维坐标法、水准测量或全站仪三角高程法，测量精度不低于四等水准测量的精度；土质基础高程偏差应不大于50mm，石质基础高程偏差应不超出 -200～+50mm。

2 锚碇模板放样宜采用全站仪三维坐标法、GNSS RTK法、CORS测量法或坐标方格网法等方法进行，高程放样可采用水准测量；对于锚碇基础块的轮廓放样点，应采用同精度的、相互独立的方法进行全部检核。

3 曲面轮廓点的放样，应根据设计要求及模板制作情况合理确定放样点的位置和密度。曲线的起点、终点、折线的折点均应放出，直线段5～8m应测量1点；曲线段3～6m应测量1点。

4 锚面槽口轴线偏差应不大于10mm，顶面高程放样中误差应不大于10mm。

5 锚体基础浇筑前，宜埋设沉降观测标志，定期进行沉降观测、水平位移及竖向位移观测。

条文说明

工程施工中对土石方工程的超、欠挖均有较严的要求，由于测绘仪器功能不断完善，一般土石方工程施工测量的平面坐标和高程中误差能达到50mm的精度要求。

立模浇筑放样的点位限差主要是结合了多年来国内众多大、中型桥梁工程施工测量的实践总结和现阶段施工测量技术水平而规定的，相对于其他类似规范的相应指标有所提高，这符合工程质量不断提高的要求。

锚体施工期间，需要定期进行沉降观测，是根据悬索桥施工监控的要求提出的。

6.6.4 预应力锚固系统施工测量应符合下列规定：

1 施工放样前，应根据设计图纸提供的几何要素参数，计算锚固构件角点在桥梁施工坐标系中的坐标，并进行验算。

2 预应力管道安装前，宜建立安装专用控制网。安装专用控制网应随着安装部位逐渐形成及时分层布设，测设之前应对起算点的稳定性进行检测，并根据预应力锚固系统安装测量的精度要求进行精度估算，确定布设方案。

3 安装专用控制网的点位相对误差应不大于2mm；高程基点间的相对误差应不大于2mm。

4 预应力管道安装应由基准架和定位架来定位。宜采用全站仪三维坐标法对基准架和定位架安装纵、横控制线进行测设，其偏差应不大于5mm。每次放样完成后，应对放样点之间的相对尺寸关系进行检核。

5 预应力管道安装完毕后，宜采用全站仪三维坐标法对管道中心轴线点或其投影点进行检核，其前锚面孔道中心坐标的测量中误差应不大于5mm，前锚面孔道角度偏差应不大于0.2°。

6 预应力钢束张拉前，应采用全站仪三维坐标法对索股连接器进行检测，其轴线偏差应不大于5mm。检查合格后方可进行张拉施工。拉杆安装后，其轴线偏差应不大于5mm。

条文说明

预应力管道安装专用控制网分层布设时要注意先后层次的衔接，尽量以已完成部位的网点或轴线点为依据。对于安装精度指标，目前国内尚无明确的规定，是根据有关安装规范中安装允许偏差的规定综合制定的。预应力钢束张拉前通常采用全站仪三维坐标法对索股连接器进行检测的要求，是依据测量单位的实践经验，对索股连接器进行检查复核可极大地减少差错率。

6.7 斜拉桥索道管

6.7.1 斜拉桥主塔塔顶索道管施工测量应包括索道管顶口与底口中心坐标和高程测量。

6.7.2 索道管施工测量前，应布设平面及高程加密控制点，测量精度等级均不宜低于三等。

条文说明

本条规定采用三等测量精度布设平面及高程加密控制点，主要是与索道管的放样精度相适应。

6.7.3 索道管安装宜每3个月对使用的控制点进行复测。

条文说明

因为控制网的复测周期主要是由地质、环境条件和工期长短来决定的，条文中将复测周期确定为3个月，可以满足索道管施工放样要求。

6.7.4 索道管施工测量应符合下列规定：
1 施工放样前，应根据设计图纸提供的几何要素参数，计算索道管顶口与底口在桥梁施工坐标系中的坐标，并进行验算。
2 索道管安装时，应通过调整索道管顶（底）口中心位置进行精确定位，调整后的索道管顶（底）口的三维坐标偏差宜不大于5mm；索道管顶口与底口中心坐标的相对偏差宜不大于3mm，索道管中心线的空间方位偏差宜不大于0.5°。
3 索道管顶（底）口中心位置可由专门加工的装置标定，中心位置测量宜采用全站仪三维坐标法。
4 索道管定位和检查宜在凌晨至日出前完成。
5 风力大于4级时，不宜进行索道管定位放样和检查。

条文说明

本条规定的精度要求是以现行《公路工程质量检验评定标准 第一册 土建工程》（JTG F80/1）和近年来索道管安装放样的相关研究成果等为依据确定的。

6.8 悬索桥索鞍

6.8.1 主索鞍和散索鞍安装测量应包括格栅的安装、主索鞍和散索鞍的安装测量。

6.8.2 主索鞍和散索鞍安装测量前，应在索塔顶面和散索鞍墩顶面布设加密控制点，埋设稳定的金属标志，在整个施工过程中不得变动。

条文说明

桥梁施工放样的一个显著特点是，相互关联的混凝土建（构）筑物和金属构筑物之间具有较高的相对精度，需尽可能采用相同的控制点或建筑轴线进行放样，因此本条提出要在塔顶建立加密控制点。控制点埋设稳定的金属标志，在整个施工过程中不得变动的规定，也是确保安装精度的措施之一。

6.8.3 加密控制点的平面位置宜按二等施工加密平面控制网精度进行测量，高程宜采用悬挂钢尺传高法或全站仪精密传高法测量，高程传递中误差应不大于5mm。

6.8.4 主索鞍和散索鞍格栅定位测量宜采用全站仪三维坐标法或坐标方格网法，格栅平整度和高差测量应满足二等水准观测精度要求。

6.8.5 主索鞍和散索鞍格栅纵、横向偏差应不大于10mm；四角高差的偏差应不大于2mm。

条文说明

格栅定位的精度要求，主要是参照特大跨径悬索桥如江阴大桥、润扬大桥和泰州大桥的规定制定的。格栅定位的精度需引起足够的重视。

6.8.6 主索鞍安装时，应根据预偏量在格栅上标定安装轴线。散索鞍安装时，应根据预偏安装角度，测量散索点高程和坐标，计算安装角度。

条文说明

索鞍安装时的预偏量是为调整主缆拉力而设置的。悬索桥主缆在空缆状态下索塔两侧的水平拉力是平衡的，但在上部构造施工过程中，需通过顶推索鞍保持平衡。

6.9 悬索桥主缆

6.9.1 悬索桥主缆施工测量应包括基准索股绝对垂度测量、上下游两根基准索股相对高差测量、一般索股的垂度测量和主缆线形测量。

6.9.2 基准索股绝对垂度测量应符合下列规定：
1 基准索股绝对垂度测量时，应同时进行索股温度测量和塔顶偏位测量。
2 宜选择在夜间温度相对稳定时进行，且沿主缆纵向索股的温差 $\Delta t_1 \leqslant 2℃$，沿横截面方向温差 $\Delta t_2 \leqslant 1℃$；出现风速超过 12m/s 或大气对流剧烈的情况时，不得进行垂度测量。
3 基准索股绝对垂度测量，应采用全站仪单向三角高程测量法测定中跨跨中点和边跨跨中点高程，并应进行实测大气折光系数改正。单向三角高程测量中误差应不大于 10mm。
4 基准索股线形调整过程中，应反复进行绝对垂度测量，且应至少包括 3 个连续夜间稳定观测时段，每时段测回数不宜小于 6 个。
5 宜采用接触式温度计分别测定边跨 1/2、中跨 1/4、1/2、3/4 处的索股温度，并进行塔顶偏位测量。应依据监控模型计算基准索股高程，取平均值作为绝对垂度测量值。
6 基准索股绝对垂度偏差，中跨跨中点应不大于 $D/20\,000$，边跨跨中点应不大于 $D/10\,000$（D 为跨径，m）。

条文说明

基准索股的架设及施工控制是保证悬索桥主缆线形的重要施工步骤，需采用合理可靠的测量方法。

基准索股线形调整过程要顾及温度变化的影响。由于基准索股较长，因而温度的细小变化，将较大地影响索股的长短，继而影响中跨跨中和边跨跨中基准索股的绝对垂度，因此绝对垂度的测量，要在夜间温度变化较小的时间段内观测。提出 3 个连续夜间稳定观测时段的要求是依据现行《公路桥涵施工技术规范》（JTG/T F50）的规定。

温度、跨度变化对基准索股的线形将产生影响，监控计算给出各种温度下和跨度变化下的线形控制表或经检验的公式或计算程序供施工单位使用。

基准索股绝对垂度偏差要求，其规定与现行《公路桥涵施工技术规范》（JTG/T F50）的规定一致。

6.9.3 上下游基准索股高差测量，宜采用液体静力水准法，并采用测距三角高程法进行校核；高差偏差应不大于 20mm。

条文说明

上下游两根基准索股间相对高差的测量，一般首先采用液体静力水准测量即连通管水准测量的方法，在风小、夜间温度变化较小和索股稳定的时候，直接测量两根基准索股间的相对垂度，再用三角高程中间法复核两根基准索股的相对垂度。

6.9.4 一般索股与基准索股的相对高差，宜重复测量3次取平均，其允许偏差应为 −5 ~ +10mm。

条文说明

一般索股相对垂度的监控，实质上是一般索股线形的监控，实际上是一般索股与基准索股重要部位（跨中）相对垂度即高差的测量，通过一般索股与基准索股的实测高差和监控计算高差的比较，以控制和调整一般索股的线形。一般索股相对垂度的测量，采用相对垂度法，即用大型卡尺测定基准索股与待调一般索股的高差，并以基准索股为基准来调整一般索股；大型卡尺是专门设计并定做的，读数和高差测量的精度不低于2~3mm。由于待调索股位于群体索股之上，且待调索股与群体索股有一定的温差，调整时需要考虑两者间温差的影响。

6.9.5 主缆线形测量宜采用单向三角高程法，测定主鞍及散索鞍锚固点、边跨1/2、中跨1/4、1/2、3/4位置的高程，测量要求应符合本规范第6.9.2条的规定。

条文说明

主缆线形测量的位置要求主要是依据西南交通大学编制的《特大跨径悬索桥施工监控指南》和泰州大桥施工监控方案提出的。悬索桥的加劲梁线形主要由空缆线形、吊索长度及加劲梁上的恒载决定；一旦索股架设完成，空缆线形就已确定；吊索架设完成后，加劲梁的线形就已经确定。因此，悬索桥线形控制的关键在于控制主缆的架设线形、在完成的空缆线形上决定吊索长度。

6.10 悬索桥索夹

6.10.1 悬索桥索夹定位测量应包括索夹天顶线测量和索夹位置测量。

6.10.2 天顶线测量宜选择在夜间气温相对稳定时段进行，可采用卡尺和水平尺分中的方法测量2次取平均，其横向偏差应不大于3mm。

条文说明

在夜间，主缆的顺桥向和横桥向温度、主缆的内外温度以及上下游主缆间的温差较小，主缆不发生扭转，所以，天顶线测量选择在夜间风小和温度相对稳定的时候进行。

6.10.3 索夹位置测量应符合下列规定：

1 宜选择在夜间气温相对稳定且风速小于12m/s的条件下进行。

2 主缆施工完成后，应测量主缆线形、跨径、塔顶偏位及索鞍预偏量等，为索夹位置的计算和测量放样提供初始数据。索夹位置放样数据，应根据施工现场实测主缆温度、跨径进行动态调整。

3 索夹放样宜采用全站仪距离差分法测量，全站仪的测距标称精度不得低于3mm + 2ppm。两台全站仪应分别架设在同侧主缆的主鞍中心位置，互为后视，并从跨中向两侧索塔方向依次放样。

4 索夹中心位置宜在对调两岸索塔仪器后，进行第二次放样，并取两次放样平均位置进行标定；两次放样点位互差应不大于10mm。

5 索夹中心位置确定后，应根据主缆状态的线形，利用检定后的钢尺测量相邻索夹中心间距，其偏差应不大于10mm；可根据每个索夹的设计长度，向两侧量划出索夹的边缘线。

条文说明

主缆线形、跨径、塔顶偏位及索鞍预偏量等是计算索夹位置和测量放样的基本参量，索夹位置与主缆温度、跨径变化有关，所以需对放样数据进行动态调整。

全站仪距离差分法测量能消除测距仪或全站仪加常数及棱镜常数的误差影响，从而可以提高距离量测的精度。

索夹中心位置进行二次放样可消减测量放样误差和温度变化引起的误差。

目前，设计主缆采用的弹性模量基本是主缆钢丝的弹性模量，实际上与主缆的弹性模量有一定差别；此外，索股制作及架设产生误差，导致实际的空缆线形与设计的空缆线形不一致。因此，在确定索夹位置前，需要先测定实际的主缆线形，对原理论空载线形进行修正，相应修正其索夹位置。

6.11 桥面

6.11.1 桥面施工测量应与温度场监测、结构内力监测等项目同步进行。观测时段的选择应避开环境温差变化较大时段；风速大于12m/s时，不宜进行施工测量。

6.11.2 桥面合龙口状态测量应符合下列规定：

1 合龙口上下边缘宽度、相对高差及轴线偏差，应至少进行24h的连续测量；相邻两次测量时间间隔不宜大于2h，且应记录梁体温度。

2 合龙口上下边缘宽度宜采用精密测距法；合龙口两侧相对高差宜采用几何水准测量法；轴线偏差宜采用全站仪正倒镜法测量。

条文说明

桥面合龙口状态测量，是因为温度变化后合龙口姿态会发生变化，因此确定合龙梁长和选择合龙时间尤为重要。

6.11.3 成桥线形测量应符合下列规定：

1 观测点宜按吊索断面间距布设，每个断面 4 个点上下游位置对称。有索区断面布设应与上下游吊索位置对应。

2 各观测点高程可采用几何水准测量或光电测距三角高程法，测量精度应不低于四等水准测量的精度。

3 宜选择在夜间温度相对稳定时段进行，且每 30min 记录一次气温和梁体温度。

6.11.4 悬索桥桥面施工测量应包括测定塔顶偏位、主鞍顶推量、梁段中线、合龙口和成桥线形等内容，并应符合下列规定：

1 主鞍顶推量测量宜采用钢尺量距法，且两次量距较差应不大于 2mm，取平均值。

2 梁段中线测量宜采用全站仪视准线法；轴线偏差应不大于 1/20 000 梁段长。

条文说明

悬索桥桥面吊装阶段，将使作用在索塔上的水平力发生变化，从而导致索塔的变形和跨径的变化，而为控制主缆的线形，又需监测索塔的变形和跨径的变化，因此在主梁吊装阶段，需进行索塔的变位测量。其控制标准是根据现行《公路桥涵施工技术规范》（JTG/T F50）中相关要求提出的。

6.11.5 斜拉桥主梁拼装测量应包括塔顶偏位测量、0 号节段及标准节段的安装测量、合龙口和成桥线形测量等内容，并应符合下列规定：

1 斜拉桥主梁拼装测量前，应对施工控制网进行复测，并在上、下游索塔人洞内设置辅助控制点。

2 0 号节段安装测量宜采用全站仪三维坐标法放样梁段中心点，并采用钢尺量距法测定安装轴线。轴线偏差不大于 10mm。0 号节段安装时，应按监控单位提供的预偏量进行安装。

3 0 号节段安装测量完成后，宜在该节段顶面建立加密控制点。

4 标准节段的安装测量时，宜采用全站仪视准法测定安装梁段的轴线偏差，应采用几何水准方法测量梁端高程。斜拉索第一次张拉、吊机前移后和斜拉索第二次张拉等工况，应进行梁端高程测量。梁端高程测量应采用闭合水准路线，并满足二等水准测量精度要求。

5 塔柱位移测量应使用Ⅰ类测距精度的全站仪，采用极坐标法或距离差分法观测，测量时段应与高程测量同步进行。

条文说明

在斜拉桥主梁架设过程中，其结构实际参数难免与设计值存在差异，加之施工荷载的不确定性，使结构内力与变位偏离设计值。这种偏离的积累，不仅影响成桥后的正常使用，而且涉及施工中的结构安全，因此需对每个节段架梁循环采取监控测试措施，即对监控测试所取得的实际架梁参数进行温度修正和标准化处理，并计算与设计值的偏差，做出分析、判断，对偏差超限做出调整对策等。以上过程一般由设计单位通过监控软件系统完成，最后得出下一节段主梁架设的索力和节段高程等，以指导架梁施工。

6.11.6 悬臂浇筑梁段测量应包括梁段轴线偏差和高程测量，并应符合下列规定：
1 塔端梁段施工后，宜在该梁段上建立加密控制点。
2 悬臂浇筑梁段轴线偏差应不大于5mm，高程偏差应不大于10mm。
3 悬浇梁段宜在挂篮就位、立模后、浇筑混凝土后、预应力张拉后、挂篮移动后，进行梁段高程测量。高程测量宜满足四等水准测量的要求，按闭合路线布设。

条文说明

悬臂浇筑梁段测量控制标准是依据现行《公路桥涵施工技术规范》（JTG/T F50）提出的。规定闭合水准路线，有利于检测外业观测中的误差和粗差，提高外业观测数据采集的质量和可靠性，同时还有利于数据的严密平差和提高精度。

6.12 支座和伸缩缝

6.12.1 支座安装测量应符合下列规定：
1 支座安装前，应对支座垫石的平面位置、顶面高程、预留地脚螺栓孔和预埋钢垫板进行复核检查。
2 支座安装轴线宜采用横梁上的控制点测设。
3 支座支承面四角高差测量可采用几何水准测量或连通管测量。顺桥向有纵坡时，支座安装的相对高差应满足设计规定的要求。
4 支座中心与主梁中心的相对位置偏差应不大于2mm。承压力不大于5 000kN的支座，其四角高差偏差应不大于1mm；承压力大于5 000kN的支座，其四角高差偏差应不大于2mm。

条文说明

支座安装前，检查支座垫石的位置和高程，确保使支座全面积承受上部构造传递的竖直荷载，以符合设计要求。其控制标准是依据现行《公路工程质量检验评定标准 第一册 土建工程》（JTG F80/1）提出的。

6.12.2 桥梁伸缩缝安装测量应符合下列规定：

1 安装前，应检测伸缩缝预留槽尺寸和预埋锚固筋位置，并根据现场气温调整安装定位值。

2 安装时，应放样出两跨间梁端中心线位置，使伸缩缝的中心线与桥梁中心线重合，宜采用专用卡具将其固定；应按设计值调整顶面高程，使平整度符合设计要求。

3 伸缩缝与桥面高差偏差应不大于2mm；纵坡偏差应不大于0.2%，横向平整度应不大于3mm。

条文说明

桥梁伸缩缝安装测量控制标准是依据现行《公路工程质量检验评定标准 第一册 土建工程》（JTG F80/1）提出的。

7 桥梁变形测量

7.1 一般规定

7.1.1 桥梁施工期间，应根据设计文件和施工控制要求进行变形测量。

条文说明

桥梁施工期间的变形测量，是桥梁施工过程中的一个必要环节，能及时为桥梁施工安全和科学决策提供有效支持。因此，在桥梁开始施工前，要根据桥梁设计文件对桥梁施工变形测量的内容、范围和必要监测设施等进行变形测量详细设计，并由监测单位制定变形测量总体方案，报请业主、设计、施工监控、监理等相关部门审批后执行。

7.1.2 变形测量应包括桥梁下部结构、上部结构及周围建（构）筑物的水平位移和垂直位移测量等。

条文说明

桥梁施工期间变形测量的监测对象包括桥梁本身各部位的主要结构和施工场地及其周围建（构）筑物，不同部位的监测量不完全相同，基础部位的监测一般包括应力、应变、倾斜、地下水、垂直位移和水平位移等项目，其中水平位移和垂直位移是施工期间变形测量的主要内容。垂直位移测量主要包括结构沉降、基坑回弹、施工场地及其周围建（构）筑物沉降等项目，水平位移测量主要包括结构水平位移、结构主体倾斜、挠度、日照变形等项目。

7.1.3 变形测量应能确切反映桥梁及周围建（构）筑物实际变形程度或变形趋势；变形测量点宜分为基准点、工作基点和变形观测点。

条文说明

变形测量主要通过监测布设在桥梁及周围建（构）筑物上监测点的变化来分析桥梁结构及周围建（构）筑物的安全与稳定。为了客观地反映桥梁及周围建（构）筑物的实际变形程度或变形趋势，需要选择合理的作业方法和监测要求，以保证变形测量的质量。所布设监测点的类别包括基准点、工作基点和变形观测点。基准点要求建立在桥梁施工区以外的稳定区域，具有很高的稳定性，位移基准点要采用强制对中设备。工作基点是高程和坐标的传递点，要求在监测期间稳定不变，位移工作基点也要采用强制对中设备。

7.1.4 变形测量的精度等级应根据桥梁的允许变形值进行精度估算，并应符合下列规定：

1 仅给定单一变形允许值时，应按所估算的变形观测点精度选择相应的精度等级。

2 给定多个同类型变形允许值时，应分别估算变形观测点精度，并根据其中最高精度选择相应的精度等级。

3 对于未规定或难以规定变形允许值的观测项目，可根据设计、监控、施工的要求，选取适宜的精度等级。

条文说明

不同桥梁和同一桥梁不同部位的变形允许值都不一定相同，而且在实际施工中，变形允许值的来源也可能并不唯一，因此要求根据提供的变形允许值进行监测点的精度估算，进而选择相应的变形测量精度等级。

7.1.5 变形测量观测周期应符合下列规定：

1 变形观测首期测量应至少连续进行两次独立观测，并取稳定的观测结果的中数作为变形测量初始值。

2 变形观测周期，应根据桥梁结构特征、施工工况、变形速率、观测精度要求和工程地质条件等因素综合确定。施工过程中，观测周期可结合变形量及变形速率的变化情况进行适当调整。变形观测周期应以能系统反映所测变形的变化过程为原则。

3 对于索塔、主梁等结构，变形观测周期应能系统反映所测变形的变化过程。当观测中发现变形异常时，应及时增加观测次数。

4 各期观测宜采用相同的观测网形、观测方法及相同类型的测量仪器，且观测人员相对固定，还应记录荷载、温度、降水、风力及风向等相关环境因素。

条文说明

监测点的监测周期是根据桥梁结构特征、施工工况、变形速率、观测精度要求和工程地质条件等因素综合确定，所确定的监测周期以能系统地反映监测点的变化过程且不遗漏其变化时刻为原则。实际工作中亦可根据单位时间内变形量的大小适当调整测次。为了保证各监测周期的测量精度相一致，要求采用相同的观测措施。

7.1.6 变形测量基准网宜采用独立的平面坐标系统和高程系统，进行一次布网，并与桥梁施工控制网联测。

条文说明

变形测量基准网建立的目的是为了提供桥梁施工期间变形测量基准，并满足桥梁各部位结构的变形监测精度要求。一般需要独立建立与变形测量范围相匹配的相应等级的独立坐标系；工程实践中，当变形测量需要桥梁结构变形量与施工坐标系的基准一致时，变形测量基准网也可以使用施工控制网点为起算点或与之联测。

7.1.7 监测基准网复测周期应小于 1 年。使用过程中发现监测基准点变化时，应根据现场条件及时组织复测。

条文说明

基准网主要是为变形测量提供可靠的基准。在施工影响、人为破坏、自然条件变化的情况下，不可避免地会引起个别点位的变化，因此，提出了变形基准网的复测周期。为了保证各复测周期的测量精度相一致，要求采用相同的观测措施。

7.1.8 观测前，应对所使用的仪器设备进行检查、校正，并做好记录。

7.1.9 观测结束后，应及时处理观测数据。当数据处理结果出现下列情况之一时，应增加测量频次，必要时可调整变形测量方案：
1 变形量达到预警值或接近允许值；
2 变形量出现异常变化；
3 建（构）筑物的裂缝或地表的裂缝快速扩大。

条文说明

变形测量过程中出现异常情况时，要首先核查观测数据及其处理过程是否有误；确认无误时，则需要增加测量频率，密切关注变形发展情况，必要时可对变形测量方案进行调整，以确保能准确可靠地测出变形情况。

7.1.10 桥梁变形测量项目应按设计文件和监控要求选择；设计未要求时，应按表 7.1.10 选择。

表 7.1.10 桥梁变形测量项目

类　　型	变形测量内容
下部结构	承台水平、垂直位移 桥墩垂直位移 锚碇水平、垂直位移 索塔倾斜、塔柱混凝土徐变和周日变形 塔顶水平位移

续表 7.1.10

类　　型	变形测量内容
上部结构	主缆线形 索夹滑动位移 梁体水平、垂直位移
周围建（构）筑物	河堤、海堤及周边建（构）筑物等的位移

7.1.11 桥梁变形测量等级划分与精度要求应符合表7.1.11的规定。

表 7.1.11　桥梁变形测量等级划分与精度要求

等级	垂直位移		水平位移
	变形观测点高程中误差（mm）	相邻变形观测点高差中误差（mm）	变形观测点点位中误差（mm）
一等	0.3	0.1	1.5
二等	0.5	0.3	3.0
三等	1.0	0.5	6.0
四等	2.0	1.0	12.0

条文说明

关于变形测量的等级划分与精度要求：

（1）根据我国变形监测经验，并参考国外有关变形测量的规范内容，本规范中变形测量的精度等级按照变形观测点点位中误差、变形观测点高程中误差或相邻变形观测点高差中误差的大小进行划分。其中，为了适合一些只要求相对沉降量的监测项目，规定了相邻变形观测点高差中误差指标。

（2）变形测量分为四个精度等级，一等适用于高精度变形测量项目，二、三等适用于中等精度变形测量项目，四等适用于低精度的变形测量项目。选用变形测量的等级，根据允许变形量的1/3到1/20作为测量精度值，以便每个周期的观测值能反映监测体的变形情况，确保桥梁施工安全。

7.2　变形测量点的选点与埋设

7.2.1 基准点选点与埋设应符合下列规定：

1　基准点宜直接采用施工控制网中的控制点；不能满足要求时，可单独布设。

2　基准点应选在变形影响区域以外，且便于长期保存的稳定位置。在地质不稳定地区设立时，应进行基础加固处理。基准点的位置选择应便于与工作基点及变形观测点的联测。

3　水平位移基准点应建造具有强制对中装置的混凝土观测墩；垂直位移基准点宜

采用基岩标或深层钢管标。

4 基准点宜两岸分布。水平位移基准点布设数量应不少于 3 个；垂直位移基准点每岸宜各布设 1 组，每组布设点数应不少于 3 个。

条文说明

关于基准点选点与埋设要求：

（1）为了避免变形测量成果的基准变化，宜采用施工控制网中稳定可靠的控制点作为基准点，当控制点无法满足变形测量基准点的要求时，可单独布设。

（2）基准点是变形测量的关键，其稳定性和可靠性直接关系到变形测量的质量。因此，基准点应远离变形影响区域，且能长期保存，同时还能便于与工作基点及变形观测点联测。

（3）为了确保基准点的稳定、可靠和日常测量的方便，水平位移测量基准点应建造具有强制对中装置的混凝土观测墩，垂直位移基准点宜采用基岩标或深层钢管标。

（4）需两岸布设基准点，且需进行两岸联测，确保两岸变形测量基准一致。

7.2.2 工作基点选点及埋设应符合下列规定：
1 工作基点应选在相对稳定且便于使用的位置。
2 工作基点宜建造具有强制对中装置的混凝土观测墩。
3 采用基准点能直接测量变形观测点时，可不布设工作基点。

条文说明

关于工作基点选点及埋设要求：

（1）工作基点布设不仅需要考虑测量的方便性，还需要确保其具有较好的稳定性。

（2）为了方便日常变形测量和确保工作基点的稳定性，工作基点宜建有强制对中装置的混凝土观测墩。

7.2.3 变形观测点选点及埋设应符合下列规定：
1 桥梁变形观测点应在满足设计及施工控制要求的基础上进行布设，并符合下列要求：

1）桥墩的垂直位移变形观测点，宜沿桥墩的纵、横轴线外边缘布设，或布设在墩面上。每个桥墩的变形观测点数不宜少于 2 个。

2）箱梁变形观测点宜在其顶板上沿横断面均匀布设，且观测点数不宜少于 3 个。

3）梁体采用悬臂法、支架法浇筑或预制梁安装时，变形观测点宜沿梁体纵向轴线或两侧边缘分别布设。对于悬臂法浇筑梁，宜布设在每段梁体的首尾端；对于支架法浇筑梁，宜布设在每个桥墩和墩间梁体的1/2、1/4处。

4）装配式拱架变形观测点，可沿拱架纵向轴线布设在每段拱架的两端和拱架的1/2处。

5）索塔垂直位移变形观测点，宜布设在索塔底部四角；索塔倾斜变形观测点，宜布设在索塔同一侧的顶部、中部和下部。

6）桥面变形观测点应沿桥面中心线及两侧均匀布设，点位间距以10~50m为宜。保存完好的施工梁段线形高程点可直接作为变形观测点。

7）桥梁两岸高边坡及滑坡变形观测点宜成排布设在边坡及滑坡区域的顶部、中部和下部，点位间距以10~20m为宜，重点监测地段的点位间距可为5m。

2 埋设变形观测点应与桥梁结构体牢固结合，且不影响建（构）筑物外形美观，可埋设明标志或暗标志。

3 对于需测定垂直位移和水平位移的结构体，垂直与水平位移观测点宜在同一点位布设。

条文说明

变形观测点选点及埋设需按照设计和施工控制的要求进行，同时还需根据变形体的变形规律进行布设，本规范根据不同桥型和桥梁不同部位的施工特点给出了变形观测点布设位置及数量。

7.3 水平位移测量

7.3.1 水平位移测量宜采用全站仪极坐标法、GNSS卫星定位测量法、交会法、距离差分法测量等。

条文说明

平面位移测量在实际工作中普遍采用全站仪极坐标法、GNSS卫星定位测量法、交会法、距离差分法测量等实施，主要是因为便于在施工场地作业。

7.3.2 水平位移测量基准网可采用卫星定位网、三角形网、导线网等形式。

条文说明

水平位移测量基准网可根据施工现场实地情况，以便于变形测量实施、满足变形测量要求为前提进行布设。

7.3.3 水平位移测量基准网的主要技术要求应符合表7.3.3的规定。

表 7.3.3 水平位移测量基准网的主要技术要求

等级	相邻基准点的点位中误差（mm）	平均边长 L（m）	测角中误差（"）	测边相对中误差	水平角观测测回数	
					1"级仪器	2"级仪器
一等	1.5	≤300	0.7	≤1/300 000	12	—
		≤200	1.0	≤1/200 000	9	—
二等	3.0	≤400	1.0	≤1/200 000	9	—
		≤200	1.8	≤1/100 000	6	9
三等	6.0	≤450	1.8	≤1/100 000	6	9
		≤350	2.5	≤1/80 000	4	6
四等	12.0	≤600	2.5	≤1/80 000	4	6

注：1. 水平位移测量基准网相关指标基于相应等级相邻基准点的点位中误差要求确定。
2. 具体作业时，可根据测量项目的特点在满足相邻基准点的点位中误差要求的前提下，进行专项设计。
3. 卫星定位测量基准网不受测角中误差和水平角观测测回数指标的限制。

条文说明

水平位移测量基准网的主要技术要求：

（1）相邻基准点点位中误差是制定相关技术指标的依据。变形测量基准网的精度要求高于或等于变形测量网的精度，但对于现场条件复杂的桥梁施工而言，提高变形测量基准网点的精度必然加大高精度观测的难度，增加工程成本。所以，本规范对变形测量基准网的点位精度和变形观测点的点位精度要求是相同的。

（2）为了使得水平位移测量的精度等级和工程控制网的精度等级系列一、二、三、四等相一致，相应等级的测角中误差取 0.7"、1.0"、1.8"和 2.5"，相应等级的测边相对中误差取 1/300 000、1/200 000、1/100 000 和 1/80 000，相应等级的测回数取 12、9、6、4 测回，相应等级的点位中误差取 1.5mm、3.0mm、6.0mm、12.0mm。

需要指出的是，各等级测量基准网的平均边长是确保点位中误差的基本指标，是相应等级测量基准网平均边长的限值。布网时，为了满足点位中误差要求，平均边长可缩短，但不能超过。

（3）关于水平角观测测回数主要根据理论分析，并结合桥梁变形测量基准网的观测经验，参照现行《工程测量规范》（GB 50026）制定出相应等级的测回数。

7.3.4 基准网水平角观测宜采用方向观测法，边长观测宜采用光电测距，其技术要求应符合本规范表 3.3.10 和表 3.3.17 的规定；卫星定位测量的技术要求应符合本规范表 3.2.7 的规定。

条文说明

方向观测法和光电测距法是目前水平角观测和边长观测的常用方法，仪器设备较为容易满足要求；卫星定位测量技术已成熟，并已逐步普及，可满足基准网测量要求。

7.4 垂直位移测量

7.4.1 垂直位移测量基准网宜布设成环形网,并采用水准测量方法观测。

7.4.2 垂直位移测量基准网的主要技术要求应符合表7.4.2的规定。

表7.4.2 垂直位移测量基准网的主要技术要求

等级	相邻基准点高差中误差(mm)	每站高差中误差(mm)	往返较差或环线闭合差(mm)	检测已测高差较差(mm)
一等	0.3	0.07	$0.15\sqrt{n}$	$0.2\sqrt{n}$
二等	0.5	0.15	$0.30\sqrt{n}$	$0.4\sqrt{n}$
三等	1.0	0.30	$0.60\sqrt{n}$	$0.8\sqrt{n}$
四等	2.0	0.70	$1.40\sqrt{n}$	$2.0\sqrt{n}$

注:表中 n 为测站数。

条文说明

垂直位移测量基准网的主要技术要求:

(1) 相邻基准点的高差中误差是制定相关技术指标的依据,并与表7.1.11中变形观测点的高程中误差系列数值相同。但变形观测点的高程中误差,是指相对于邻近基准点而言,在概念上与相邻基准点的高差中误差不同。

(2) 每站高差中误差是经过多年的工程实践所得出的,也是合理可行的,能够保证各级监测网的观测精度。

(3) 取水准测量的往返较差或环线闭合差为每站高差中误差的 $2\sqrt{n}$ 倍,取检测已测高差较差为每站高差中误差的 $2\sqrt{2n}$ 倍,作为各自的限值,其中 n 为站数。

7.4.3 水准测量的主要技术要求应符合本规范表4.2.4的规定。

7.4.4 垂直位移观测基准宜与桥梁施工高程控制网基准一致;局部单项工程亦可采用假定高程系统。

条文说明

垂直位移观测成果是桥梁安全施工的重要参照。为了便于观测成果分析和施工决策,垂直位移观测基准宜与桥梁施工高程控制网基准一致;对于联测桥梁施工高程控制网较为困难或与桥梁施工高程系统相关度较低的垂直位移观测,如周围建(构)筑物沉降观测,可采用假定高程系统。

7.4.5 垂直位移测量宜采用几何水准测量方法。当几何水准测量难以施测或需要进行自动观测时，可采用液体静力水准测量方法。当测量点间高差较大时，宜采用光电测距三角高程法。

条文说明

垂直位移测量在实际工作中普遍采用水准测量法和光电测距三角高程法实施，主要是因为作业简单、精度估算方便。

7.4.6 地基回弹变形观测宜采用几何水准测量与悬挂钢尺传高法相结合进行观测；高塔柱混凝土徐变观测可采用光电测距三角高程法或全站仪精密传高法。

条文说明

对于特大跨径公路桥梁的地基回弹，目前主要采用水准仪与悬挂钢尺相结合的观测方法。对于高塔柱混凝土徐变观测，尤其是50m以上的索塔，为了保证高程传高的精度和效率，特大跨径公路桥梁更广泛地采用了全站仪精密传高法，如江阴大桥、润扬大桥、苏通大桥等。

7.5 数据处理与变形分析

7.5.1 变形观测数据的计算与分析应符合下列规定：
1 对变形测量各项原始观测记录，应及时整理、检查。
2 各类观测数据的改正计算、检核限差和数据处理方法，应符合本规范第3、4章的相关规定。
3 应通过统计检验将判定含有粗差的观测值予以剔除；对可能含有系统误差的观测值，应进行统计检验和补偿改正。
4 数据平差计算前，应检核各项限差是否全部符合规定要求。

条文说明

为了保证变形观测成果的计算与分析正确合理，在对变形观测成果进行计算与分析前，需要对测量原始观测记录、各类观测数据、各项限差等进行整理、预处理、检查等工作，确保满足相关测量规定要求。

7.5.2 变形观测平差计算应符合下列规定：
1 平差的起算基准应采用经过稳定性检验合格的控制点或点组，且各期平差计算应建立在统一的基准上。当网内控制点的稳定与否尚未预知，或全部控制点位于非稳定地区时，应采用重心基准；当网内具有部分相对稳定控制点时，应采用拟稳基准。

2 应使用严密的平差方法和可靠的软件系统；平差方法应与其所采用的起算基准相适应。

3 涉及边长、方向等不同类型观测值时，宜使用验后方差估计方法确定观测值的权。

4 平差计算除应给出变形量外，还应评定其精度。

条文说明

（1）测量网基准的选取。根据控制点的稳定性情况进行区分，采用不同数据处理方法。

（2）平差方法和平差软件系统的选择。平差方法要与所采用的起算基准相适应。对于拟稳基准，要采取拟稳平差；对于重心基准，要采用秩亏自由网平差。

（3）规定了涉及不同类型观测值时的权值确定方法。

（4）变形量的精度也是研判变形体变形情况的重要指标，需要在平差计算时进行评定。

7.5.3 变形观测基准网应进行稳定性检验，可采用下列方法：

1 稳定控制点组的确定可采用数理统计检验法。应先进行整体检验，判别有动点时，应进一步通过局部检验确定稳定点组。

2 各期控制点的稳定性检验可采用比较法。两期高程或坐标平差值之差 Δ 符合式（7.5.3）时，可认为点位无变动或变动不显著。

$$\Delta < 2\mu\sqrt{2Q} \qquad (7.5.3)$$

式中：μ——单位权中误差，可取两个周期平差单位权中误差的平均值（mm）；

Q——检验点高程或坐标平差值的权倒数。

条文说明

变形观测基准网点的稳定性检验，一般通过数理统计检验方法分析，比较法也较为常用，工作中一般根据实际情况采用。

7.5.4 变形观测点的变形分析应符合下列规定：

1 观测成果应进行可靠性复核。

2 变形观测点应进行变形检验，宜采用下列方法：

1）对普通变形观测项目，相邻周期观测结果平差值之差小于最大测量误差时，则可认为观测点无变形或变形不显著；当相邻期平差值之差虽很小，但各期累计变形量呈现明显变化趋势时，也应视为有变形。

2）对要求严密的变形分析，宜按基准网点稳定性检验的方法进行。

3 应根据变形信息和荷载、地质、气象等相关影响因素的观测资料，对引起变形的原因做出分析和解释,并预报变形发展趋势。

条文说明

变形观测点的变形分析中一般结合变形的物理成因建立变形与变形因子之间的函数关系,并以此作为变形原因的解释和变形趋势的预报。采用确定性模型法建立结构体的应力与应变的数学模型,反映和解释物体变形的特点。

7.5.5 变形观测应提交下列资料:
1 施测方案与技术设计书;
2 控制点与观测点平面布置图;
3 标石、标志规格及埋设图;
4 仪器检验与校正资料;
5 观测记录手簿;
6 平差计算、成果质量评定资料及测量成果表;
7 变形过程和变形分布图表;
8 变形分析成果资料及技术总结报告。

8 交工测量

8.1 一般规定

8.1.1 桥梁交工测量主要内容应包括下部结构、上部结构和桥梁总体交工测量工作。

条文说明

按照《公路工程竣（交）工验收办法实施细则》（交公路发〔2010〕65号）"工程竣工后，按规定进行验收"的规定，为了满足特大跨径公路桥梁交工验收的要求，验收前需进行交工测量。

8.1.2 交工测量应反映构筑物的位置和几何尺寸，为桥梁质量检验评定及验收、工程维护等工作提供依据。

条文说明

本条强调交工测量的重要性，防止重施工、轻资料采集和整理的倾向，保障工程交工验收顺利进行。

8.1.3 交工测量应采用与原桥梁施工测量一致的平面和高程系统，测量时可使用原有施工控制点和工作基点。控制点发生变化时，应复测或重新建立。

条文说明

交工测量与施工测量相关，所以应采用与施工测量一致的平面和高程系统。

8.1.4 交工测量可按下列方法实施：
1 对于隐蔽、水中以及垂直凌空面的桥梁部位，可随着施工的进程，按交工测量的要求进行测量，逐渐积累交工资料。
2 对于其他的桥梁部位，可待单项工程完工后，进行一次性的交工测量。

条文说明

逐渐积累竣工测量资料的方法是根据施工测量的实践经验总结出来的。实践证明，有些竣工资料从一开始就要注意采集，例如桩基、水中承台、沉井、地连墙的交工资料，可以在每浇一层混凝土后，以放样点为依据进行采集、整理。

8.1.5 交工测量测量精度应不低于施工放样的精度。

条文说明

交工测量工作中的精度指标与各项具体的施工测量项目有关，交工测量的精度不低于放样精度的要求时，才可能反映出工程的质量，减少因测量精度引起测量成果的差异。

8.1.6 桥梁总体工程完成后，应恢复施工测量控制网，施工区域内的平面、高程控制点及验收需要的测点、测桩应完好。

条文说明

按照交通工程建设的相关规定，工程测量控制网属于特大跨径公路桥梁工程的一部分，纳入交工验收范畴。

8.1.7 分项工程、分部工程及单位工程完成后，应及时进行交工测量和资料整编与归档。

8.2 下部结构

8.2.1 桥梁下部结构交工测量项目应符合表8.2.1的规定。

表8.2.1 桥梁下部结构交工测量项目

桥梁类型	下部结构交工测量项目
斜拉桥	桩基础、沉井基础、承台及塔座、索塔及横梁、索道管
悬索桥	桩基础、沉井基础、地下连续墙基础、承台及塔座、索塔及横梁、锚体和锚固系统

条文说明

桥梁下部结构交工测量的主要内容是依据现行《公路桥涵施工技术规范》（JTG/T F50）提出的。

8.2.2 钻孔灌注桩钢护筒交工测量内容应包括中心偏差、椭圆度、竖直度、筒底高程、筒壁厚度、弯曲矢高等，并应符合下列规定：

　　1　中心偏差宜采用全站仪坐标测量法，沿钢护筒纵、横两个方向测量 4 个点坐标计算得到。

　　2　椭圆度应使用钢尺量取纵、横两个方向距离，取差值最大者计算获得。

　　3　竖直度和筒底高程可依据施工测量或检测的原始记录获得。

　　4　筒壁厚度可用游标卡尺量测纵、横两个方向的 4 处壁厚。

　　5　纵轴线的弯曲矢高可采用拉线量测。

8.2.3　钻孔灌注桩交工测量内容应包括桩位中心偏差、孔深、孔径、钻孔竖直度、沉淀厚度、钢筋骨架底面高程等，并应符合下列规定：

　　1　桩位中心偏差可采用全站仪坐标测量法，沿每个成桩纵、横两个方向测量 4 个点坐标计算得到。

　　2　孔深宜依据施工测量或检测的原始记录获得。

　　3　钻孔竖直度可用测壁（斜）仪或钻杆悬挂垂线法测量。

　　4　钢筋骨架底面高程可采用几何水准测量每个桩骨架顶面高程，并依据骨架高度计算。

8.2.4　地下连续墙交工测量内容应包括轴线位置、竖直度、沉淀厚度、外形尺寸、顶面高程等，并应符合下列规定：

　　1　轴线位置根据构筑物结构尺寸标定中心位置和轴线点，应采用全站仪坐标测量法在每槽段测量 2 处轴线位置。

　　2　顶面高程宜采用几何水准测量法，每槽段测量 1~2 处高程。

8.2.5　沉井交工测量内容应包括几何尺寸、断面厚度、中心偏位、竖直度、平面扭转角、顶面高程、基底高程和沉井刃脚高程等，并应符合下列规定：

　　1　在每节段上应按 3 个不同高度测量几何尺寸。

　　2　断面厚度应在每节段上沿周边量 4 处。

　　3　中心偏位和平面扭转角应采用全站仪坐标测量法，沿纵、横两个方向测量 4 个点坐标计算获得。

　　4　竖直度宜采用悬挂垂球法，沿纵、横两个方向分别测量 1~2 处。

　　5　顶面高程宜采用几何水准测量法测量 5 处，沉井刃脚高程可根据顶面高程和沉井高度推算求得。

　　6　基底高程可采用测绳每间隔 2~3m 测量 1 处，并可根据顶面高程计算求得。

8.2.6　承台及塔座交工测量内容应包括断面尺寸、顶面高程、轴线偏位等，宜符合下列规定：

　　1　断面尺寸采用钢尺丈量 1~2 个断面。

2 顶面高程采用几何水准测量 1~2 处。

3 轴线偏位采用全站仪坐标测量法，沿纵、横两个方向各标定 2 个轴线点并测量平面坐标。

8.2.7 墩（台）身、盖梁交工测量内容应包括断面尺寸、竖直度、顶面高程、轴线偏位、节段间错台、平整度、预埋件位置等，宜符合下列规定：

1 竖直度沿纵、横两个方向采用悬挂垂球法测量 2 处；当高度较大时，亦可使用免棱镜全站仪沿铅垂线方向在上下边缘处测量 2 点坐标计算获得。

2 节段间错台采用钢板尺测量，每节测量 4 处。

3 平整度可使用 2m 直尺沿竖直和水平两个方向测量，应满足每 20m² 不少于 1 处。

4 对于双壁墩身采用钢尺丈量相邻间距，亦可采用全站仪三维坐标法测量，测量位置宜在顶、中及底部 3 处。

8.2.8 索塔交工测量内容应包括竖直度、塔底轴线偏位、外轮廓尺寸、壁厚、预埋件位置、索鞍底板高程、索道管轴线和高程等，宜符合下列规定：

1 竖直度沿纵、横两个方向采用悬挂垂球法测量 2 处；当高度较大时，亦可使用免棱镜全站仪沿铅垂线方向在上下边缘处测量 2 点坐标并计算获得。

2 塔底轴线偏位采用全站仪坐标测量法，沿纵、横两个方向各标定 2 个轴线点并测量平面坐标。

3 索鞍底板高程采用几何水准测量法，亦可采用测距三角高程法测量 1 处索鞍高程。

4 索道管轴线和高程采用全站仪三维坐标测量法。

8.2.9 锚体交工测量内容应包括锚体轴线偏位、断面尺寸、基底高程、顶面高程、预埋件位置、平整度等。

8.2.10 锚固系统交工测量内容应包括锚固钢板中心线偏位、锚固钢板夹角、前锚固点偏位及高程、锚固板后缘偏位及高程、剪力钢筋对锚固板孔内中心位置的偏差等，并应符合下列规定：

1 锚固板中心线偏位、锚固板夹角、前锚固点偏位及高程、锚固板后缘偏位及高程宜采用全站仪三维坐标法。

2 剪力钢筋对锚固板孔内中心位置的偏差宜采用钢尺丈量，抽查数目应不少于孔数量的 30%。

8.2.11 锚固系统和索道管应以混凝土浇筑前的检查资料作为交工资料。

8.2.12 对索塔、墩身等凌空面的交工测量，应随施工进展根据立模放样点逐层进行形体测量。

条文说明

特大跨径公路桥梁下部结构中基础开挖、锚体施工、索塔承台施工、索道管安装等交工测量工作的基本要求与施工测量的要求是一致的,其测量点位数量是根据现行《公路工程质量检验评定标准 第一册 土建工程》(JTG F80/1)提出的。

8.3 上部结构

8.3.1 桥梁上部结构交工测量项目应符合表8.3.1的规定。

表8.3.1 桥梁上部结构交工测量项目

桥 梁 类 型	上部结构交工测量项目
斜拉桥	锚固点、索道管、主梁、成桥线形
悬索桥	散索鞍、主索鞍、主缆、索夹、主梁、成桥线形

条文说明

上部结构交工测量的主要内容是依据现行《公路桥涵施工技术规范》(JTG/T F50)提出的。

8.3.2 散索鞍交工测量内容应包括底板轴线偏位、底板四角高差、底板扭转、散索鞍竖向倾斜角、鞍座基线扭转等,并应符合下列规定:
1 底板轴线偏位宜采用全站仪三维坐标法,沿散索鞍纵横向各测量2个点。
2 底板四角高差宜采用几何水准测量法,测量每个散索鞍底板4个角点高程推算。
3 底板扭转可采用全站仪三维坐标法,亦可采用钢尺丈量2个点坐标推算。
4 散索鞍竖向倾斜角宜采用全站仪三维坐标法测量上下2个点坐标推算。
5 鞍座基线扭转宜采用全站仪三维坐标法,沿散索鞍纵横向各测量2个点坐标推算。

8.3.3 主索鞍交工测量内容应包括最终轴线偏位、四角高差、顶面高程等,并应符合下列规定:
1 最终轴线偏位宜采用全站仪三维坐标法,沿主索鞍纵横向各测量2个点。
2 四角高差宜采用几何水准测量主索鞍4个角点高程推算高差。
3 顶面高程宜采用测距三角高程法测量主索鞍1处高程。

8.3.4 主缆交工测量内容应包括索股高程、主缆空隙率、主缆直径不圆度和设计直径之比等,并应符合下列规定:

1 主缆线形测量可采用单向三角高程法，测定主鞍及散索鞍锚固点、边跨1/2、中跨1/4、1/2、3/4位置的高程；应采用连通管测量上下游基准索股跨中高程；一般索股宜采用专用卡尺测量逐个索股跨中偏差。
2 主缆空隙率选择在索夹处和两索夹之间，应采用钢尺丈量直径和周长推算。
3 主缆直径不圆度和设计直径之比选择在两索夹之间，可采用专用卡尺测量横竖直径之差推算。

8.3.5 索夹交工测量宜采用全站仪三维坐标法测量安装位置偏差。

8.3.6 主梁交工测量内容应包括轴线偏位、断面尺寸、梁顶面高程、横坡、长度、平整度、合龙后同跨对称点高程差，宜符合下列规定：
1 轴线偏位采用全站仪坐标测量法，测量3个点。
2 断面尺寸采用钢尺丈量，每跨测量1~3个断面。
3 梁顶面高程和横坡采用几何水准测量法，梁顶高程测量3~5点，横坡每跨测量1~3个断面。
4 长度采用钢尺沿中心丈量。
5 平整度可使用2m直尺沿竖直和水平两个方向测量，每侧面$10m^2$不少于1处。
6 合龙后同跨对称点高程差采用几何水准测量法，每段测量5~7处。

8.3.7 成桥线形交工测量应在桥面施工合龙后，宜采用几何水准测量法或测距三角高程测量法，应符合本规范第6.11.3条规定。

条文说明

特大跨径公路桥梁上部结构中散索鞍、主鞍、索股、主梁、索夹安装后的交工测量工作的基本要求与施工测量的要求是一致的，其测量点位数量是根据现行《公路工程质量检验评定标准 第一册 土建工程》（JTG F80/1）提出的。

8.4 总体交工测量

8.4.1 桥梁总体交工测量内容应包括桥面中心线偏位、桥宽、桥长及桥面纵横坡测量、桥头高程衔接测量、引桥中线与主桥中线衔接测量等，并应符合下列规定：
1 桥面中心线偏位测量宜采用全站仪坐标测量法，每隔20m测量1点。
2 桥宽宜采用钢尺丈量；桥面纵横坡每100m应测量1个断面；桥长应沿桥梁中心线测量。
3 桥头高程衔接测量宜采用几何水准测量法；在桥头搭板范围内沿桥面纵坡，每1m应测量1点。
4 引桥中线与主桥中线衔接测量宜采用全站仪正倒镜法，放样引桥和主桥中线的延长线，并确定引桥与主桥中线交点的位置。

条文说明

根据现行《公路工程质量检验评定标准 第一册 土建工程》（JTG F80/1）的要求提出的。

8.4.2 桥梁总体交工测量应在桥面铺装和桥梁附属工程完成且施工设施拆除后进行。

条文说明

为了减少其他施工设施对桥梁总体交工测量成果的影响，规定桥梁总体交工测量的时间。

8.4.3 桥梁总体工程的交工测量，应收集已有的测量资料并进行实地检测，符合要求的测量资料应充分利用，不符合要求的测量资料应重新测量。

条文说明

根据《公路工程竣（交）工验收办法实施细则》（交公路发〔2010〕65号）要求提出的。

8.5 资料整编

8.5.1 资料整编应符合下列规定：
1 交工测量图表资料，应与设计平面布置图相对应，图表可参照建设部门的统一规格，并附必要的文字说明。
2 隐蔽部位和主要构筑物形体的交工资料，应提供记录三维坐标的数据文件。
3 根据交工验收的需要，应将相关资料整编成数据文件、图形文件和数据比较文件。
4 整编后的交工资料应进行会签。

8.5.2 提交的交工测量归档材料应包括下列资料：
1 桥梁施工控制网原始观测手簿、概算及平差计算资料；
2 施工控制网加密与复测布置图、控制点坐标及高程成果表；
3 基础工程（锚碇基础和桩基础）建基面地形图和水下测量资料；
4 构筑物部位的实测坐标、高程与设计坐标、高程比较表；
5 桥梁预埋件和金属结构安装的交工测量成果（坐标表、平面图、断面图）；
6 施工期变形监测资料；

7 各阶段、各项目的施工测量技术方案、测量放样单、验收成果表和技术总结；
8 测量仪器的计量检定证书和测量人员资质证书资料；
9 桥梁施工交工总平面图等；
10 桥梁施工测量技术总结报告。

条文说明

施工测量资料是整个工程资料的重要组成部分，需服从整个工程资料整编工作的要求。要做好资料整编工作，从工程开始至交工的各阶段均要注意各方面资料的全面收集和初步整理，制定切实可行的制度、办法。整编的施工测量资料也是评定施工测量工作质量的主要依据。

9 资料管理

9.1 一般规定

9.1.1 测量资料管理工作应贯彻执行国家及行业的相关政策、法规、标准及规定等，应保证资料的完整性、真实性、科学性。

9.1.2 测量资料管理工作应包括资料登记、移交、保存、检索等管理过程。

9.1.3 测量资料应按资料管理形式、内容、程序进行分类管理。

9.1.4 测量资料应包括下列内容：
1 原始观测手簿；
2 GNSS、电子水准仪、全站仪等原始电子观测数据；
3 测量技术方案或技术设计书；
4 测量技术总结、计算书和成果报告；
5 施工过程相关检验资料；
6 施工单位测量管理手册；
7 其他测量相关技术文件。

9.1.5 测量资料管理应至少配备一名具有测量专业知识的专职人员负责，并进行相关测量技术的管理培训。

条文说明

测量资料管理人员的配备需要具备一定的测量知识与技能，且熟悉桥梁施工测量基本业务的人员。主要职责包括测量资料的保管、统计、编目、检索等相关管理工作。配备专职资料管理人员有利于对桥梁施工测量资料进行更为科学的管理，使得相关保管、统计、编目、检索等工作能结合桥梁施工和测量工作的特点有效开展。

9.1.6 测量资料保管应设立专用资料档案室，并采取有效的安全防护措施。重要档案应进行异地备份保管。

条文说明

重要施工测量资料档案进行异地备份，有利于防范自然、人为、社会灾害可能带来的毁灭性损失；有利于应对数字时代信息安全的挑战；有利于避免网络攻击、操作失误带来的数据失真与损毁，确保档案信息的真实性、安全性与可用性。

9.1.7 桥梁施工过程中，施工测量管理部门应建立测量资料归档制度。

9.2 资料整理与归档

9.2.1 施工测量的纸质与电子文件资料应同时收集与整理。

9.2.2 测量资料应以文件形式提交或保存。测量资料应辅以表格、图片，并加以说明，失效的成果也应做出说明。

9.2.3 应保证归档原始测量资料的真实性、完整性及系统性，并应符合下列规定：
1 原始观测记录中观测仪器、观测日期、观测员等信息应填写完整。
2 测量技术方案或技术设计书、测量技术报告、专题研究报告、施工过程相关检验资料及其他测量相关技术文件等归档管理工作，应与测量工作同步生成、收集与整理。
3 原始观测手簿、原始电子数据可直接归档；其他测量资料的归档份数不宜少于2份，应包括原件和副本，且每份原件、副本中应标明副本总份数及副本编号。
4 测量成果资料归档后需变更补充相关内容时，应详细说明变更原因及具体内容。变更后的文档资料应注明变更原因、变更内容、变更日期，且由变更人和审批人共同签字确认。档案管理员应检查资料变更情况，并在案卷备考表中予以说明。

条文说明

原始测量资料和文件是桥梁施工测量工作各环节的完整记录，要求能复现桥梁施工测量过程及识别不确定性影响因素。因此，资料的管理需以真实、系统、完整和准确为要求，严格按照测绘产品的标准与要求建档。

9.2.4 测量归档资料的储存和保管应符合下列规定：
1 纸质文件资料储存环境应满足防火、防盗、防渍、防有害生物、温湿度控制等条件。
2 电子资料可采用移动硬盘、光盘等介质存储；原始观测电子数据应刻录光盘保存拷贝件。电子介质存储的数据资料应有安全防护和备份。
3 涉密测量成果电子资料应配备专用计算机存储，并指定专人管理，采取切实有效的安全措施。

9.3 资料管理程序

9.3.1 测量资料管理应建立识别、收集、检索、存档、借阅、维护等过程质量控制程序。

9.3.2 测量资料档案管理员应及时建立资料台账，包括档案种类及数量、保存状态、借阅情况等。

9.3.3 施工单位间往来的测量技术文件，应有系统的文件编号、规范的发文稿纸，拟稿、核稿、签发等手续应完整齐全；应建立收发文电子台账，方便收发文件的整理与查询。

9.3.4 资料文件应编号唯一，具体应符合下列规定：
  1 资料文件编号宜由机构代码、分类代码、顺序号、年代号组合构成。
  2 分类代码编制应包括原始观测资料、测量技术成果资料、测量管理程序、测量质量手册、其他文件5种文件类型。

9.3.5 测量资料档案借阅应符合下列规定：
  1 应建立测量资料档案借阅登记制度。
  2 测量资料档案应按规定的查询范围提供利用。
  3 摘录、复制资料内容应获得授权，并记录备案采集内容简况。
  4 测量资料档案利用者应妥善保管借阅的资料文件，未经许可不得转借、拆散、加注、涂改、污损等。
  5 受控文件资料发放或转发时应注明受控情况或加盖受控印章，并进行登记。
  6 借阅人员归还档案时，档案管理员应检查档案数量、文件编号与借阅记录内容是否一致，并检查案卷完整性。

条文说明

桥梁施工测量资料管理实践中，存在对测量资料的借阅无明确规章制度或借阅过程环节缺乏有效监控等问题。因此，本条明确了测量资料的借阅制度，规定了对测量资料内容采集、档案利用及受控文件流转的相关要求。

9.3.6 测量成果资料保密管理应符合下列规定：
  1 测量成果资料保密管理，应符合国家有关涉密资料法律法规、测绘成果管理规定等相关要求。

2 测量成果资料的保密等级、可借阅利用的范围等内容，应由主管单位做出明确规定。

3 申请利用涉密测量成果资料的单位，应提交测量成果使用申请，并加盖所在单位公章，经主管单位审批并签订保密协议后，方可按规定借阅。

条文说明

随着特大跨径公路桥梁工程建设规模的日益扩大，参与建设施工单位多，涉及人员广，对不同载体形式的涉密测量成果利用频次渐增。本条明确涉及国家秘密的施工测量资料业务档案的管理，要求遵照国家有关保密法律法规，防止泄密事件发生，维护国家涉密信息安全。

附录 A 测量桩点的基础处理

A.1 岩石基础处理

A.1.1 对岩石较浅或地面裸露地区应建立岩石基础水准点。开挖到岩石表面，凿入岩石 500~600mm 后，清除表面风化层或裂纹后，按图 A.1.1 建立岩石基础水准点。

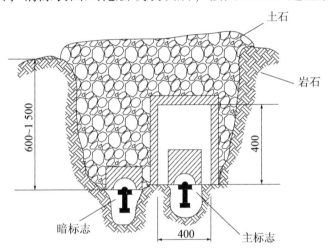

图 A.1.1 岩石基础水准点的构造图（尺寸单位：mm）

A.1.2 对岩石较浅或地面裸露地区应建立岩石基础观测墩。开挖到岩石表面，凿入岩石 500~600mm 后，清除表面风化层或裂纹后，按图 A.1.2 建立观测墩。

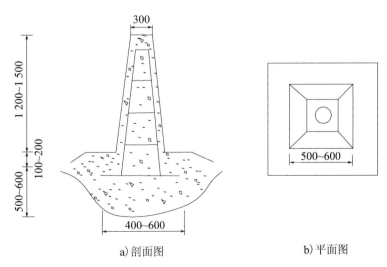

a) 剖面图　　　　　b) 平面图

图 A.1.2 岩石基础观测墩的构造图（尺寸单位：mm）

A.2 土层埋设的基础处理

A.2.1 土层深埋水准点的基础应采用钻孔灌注桩处理,并应在大桥两岸各设立1个主点和2个副点,桩型如图 A.2.1 所示。

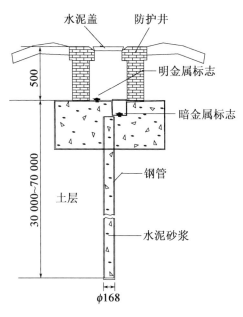

图 A.2.1 深埋水准点的构造图(尺寸单位:mm)

A.2.2 土层深埋平面控制点的基础应采用钻孔灌浆处理方法,其桩型如图 A.2.2 所示。

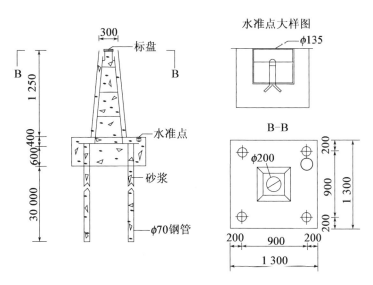

图 A.2.2 深埋平面控制点的构造图(尺寸单位:mm)

A.2.3 土层浅埋平面控制点的基础处理宜采用振打钢管桩处理,其桩型如图 A.2.3

所示。当100kg重锤连续锤击10次钢管，钢管顶部沉降应不超过20mm，打桩深度宜为10～15m。

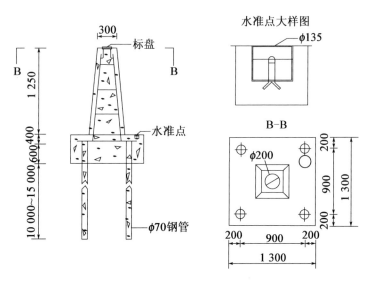

图A.2.3 浅埋平面控制点的构造图（尺寸单位：mm）

附录 B 测量墩标

B.1 高程控制点标志、标石埋设规格

B.1.1 高程控制点应采用金属水准标志，如图 B.1.1 所示。

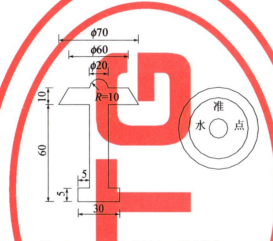

图 B.1.1 金属水准标志（尺寸单位：mm）

B.1.2 一般水准标志埋设如图 B.1.2 所示。

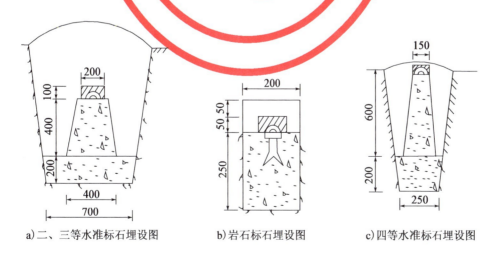

a) 二、三等水准标石埋设图　　b) 岩石标石埋设图　　c) 四等水准标石埋设图

图 B.1.2 水准标志埋设图（尺寸单位：mm）

B.2 平面控制的墩标

B.2.1 一般混凝土墩标应由底座、标身和标盘组成。底座、标身应采用钢筋混凝土建造,如图 B.2.1 所示。

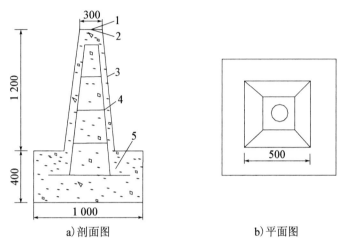

图 B.2.1 混凝土墩标(尺寸单位:mm)
1-标心;2-标盘;3-标身;4-钢筋;5-底座

B.2.2 可调整标心位置的混凝土墩标的上部结构,如图 B.2.2 所示。

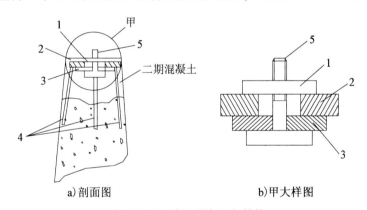

图 B.2.2 混凝土墩标上部结构
1-标盘;2-供调大孔环;3-卡环;4-钢筋;5-螺栓

附录 C 悬挂钢尺传高法和全站仪精密传高法

C.1 悬挂钢尺传高法

C.1.1 在高处支架悬挂一根检定过的钢尺（钢尺零点位置在下方），利用水准仪测定水准标尺和悬挂钢尺上的读数，确定地面点和高处的高差，从而将地面点高程传递到高处，如图 C.1.1 所示。

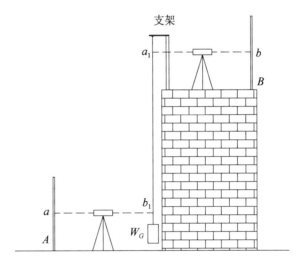

图 C.1.1 悬挂钢尺传高法

C.1.2 钢尺精密传递高程可按下式计算：

$$H_B = H_A + (a - b) + (a_1 - b_1) + \Delta l_t + \Delta l_0 + \Delta l_1 + \Delta l_2 + \Delta l_3 \quad (C.1.2\text{-}1)$$

$$\Delta l_t = (t - t_0)\alpha L \quad (C.1.2\text{-}2)$$

$$\Delta l_1 = \frac{\gamma L^2}{2E} \quad (C.1.2\text{-}3)$$

$$\Delta l_2 = \frac{L(Q - Q_0)}{FE} \quad (C.1.2\text{-}4)$$

$$\Delta l_3 = \frac{W^2 L^3}{24 Q_0^2} \quad (C.1.2\text{-}5)$$

$$L = a_1 - b_1 \quad (C.1.2\text{-}6)$$

式中：H_A——已知点高程（m）；

H_B——待求点高程（m）；

b——高处水准仪对 B 标尺的读数（m）；
a——低处水准仪对 A 标尺的读数（m）；
a_1——高处水准仪对钢尺的读数（m）；
b_1——低处水准仪对钢尺的读数（m）；
Δl_t——温度改正数（m）；
Δl_0——尺长改正数（m）；
Δl_1——钢尺自重伸长改正数（m）；
Δl_2——钢尺加重伸长改正数（m）；
Δl_3——曲改正数（m）；
t_0——检定钢尺时的温度（℃）；
t——传递高程时的平均温度（℃）；
γ——钢的比重（7.8g/cm³）；
E——钢的弹性模量（2×10^7 N/cm²）；
F——钢尺的横截面积（cm²）；
Q——传递高程时钢尺下端挂锤质量（g）；
Q_0——钢尺检验时的拉力（N）；
W——钢尺每米质量（g）。

C.2 全站仪精密传高法

C.2.1 应将全站仪和棱镜安置于同一条铅垂线上，棱镜的镜面朝下。应通过全站仪测定水准尺上读数将高程传递到仪器中心，然后用全站仪对准天顶测出仪器中心到棱镜的距离，从而将地面点高程传递到高处，如图 C.2.1 所示。全站仪铅垂方向测距时，应同时精确测定各气象元素进行改正实现精密的高程传递。

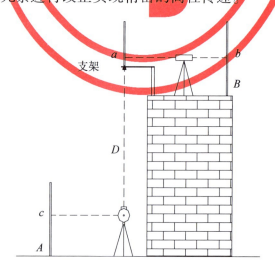

图 C.2.1　全站仪精密传高法

C.2.2 全站仪精密传高可按式（C.2.2）计算：

$$H_B = H_A + c + D + (a - b) \qquad (C.2.2)$$

式中：H_A——已知点高程（m）；

H_B——待求点高程（m）；

b——高处水准仪对 B 标尺的读数（m）；

a——高处水准仪对棱镜杆标尺的读数（m）；

c——低处水准仪对 A 标尺的读数（m）；

D——全站仪铅垂方向测量的距离（m）。

附录 D 放样方法的精度估算

D.1 平面放样方法

D.1.1 量距极坐标法的测量原理如图 D.1.1 所示，平面精度可按下式估算：

$$M_P^2 = m_x^2 + m_y^2 \quad (D.1.1\text{-}1)$$

$$m_x = \pm \sqrt{m_c^2 + m_b^2 \cos^2\beta + \left(\frac{m_\beta}{\rho''}b\right)^2 \sin^2\beta} \quad (D.1.1\text{-}2)$$

$$m_y = \pm \sqrt{m_b^2 \sin^2\beta + \left(\frac{m_\beta}{\rho''}b\right)^2 \cos^2\beta} \quad (D.1.1\text{-}3)$$

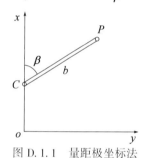

图 D.1.1 量距极坐标法

当 $\beta=90°$ 时，将式（D.1.1-2）和式（D.1.1-3）式代入式（D.1.1-1），可得直角坐标的精度估算公式：

$$M_P = \pm \sqrt{m_b^2 + m_c^2 + \left(\frac{m_\beta}{\rho''}b\right)^2} \quad (D.1.1\text{-}4)$$

式中：m_b——量 b 边中误差（mm）；
m_c——量 c 边中误差（mm）；
b——量边长度（mm）；
m_β——测角中误差（″）。

D.1.2 光电测距极坐标法的测量原理如图 D.1.2 所示，平面精度可按式（D.1.2）估算：

$$M_P = \pm \sqrt{m_S^2 \cos^2\alpha + \left(\frac{m_\beta}{\rho''}S\right)^2} \quad (D.1.2)$$

式中：S——斜边长（mm）；

α——垂直角（″）；
m_s——测距中误差（mm）。

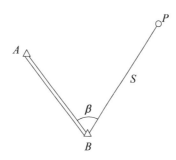

图 D.1.2 光电测距极坐标法

D.1.3 轴线交会法的测量原理如图 D.1.3 所示，平面精度可按式（D.1.3）估算：

$$M_{yP} = \pm \frac{\sqrt{2} m_\beta}{2\rho''} S_{mP} \csc\beta \tag{D.1.3}$$

式中：M_{yP}——交会点 P 沿 y 轴方向的误差（mm）；
S_{mP}——M、N 点至 P 点的平均距离（mm）；
β——夹角 β_1、β_2 的平均值（″）。

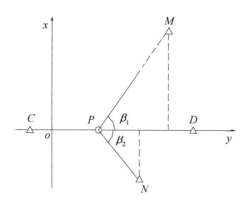

图 D.1.3 轴线交会法

D.1.4 两点角度前方交会的测量原理如图 D.1.4 所示，平面精度可按式（D.1.4）估算：

$$M_P = \pm \frac{m_\beta}{\rho''} S \sqrt{\frac{\sin^2\beta_1 + \sin^2\beta_2}{\sin^2\gamma}} = \pm \frac{m_\beta}{\rho''} \cdot \frac{\sqrt{a^2 + b^2}}{\sin\gamma} \tag{D.1.4}$$

式中：S——基线长度（mm）；
a——交会边 a 的长度（mm）；
b——交会边 b 的长度（mm）。

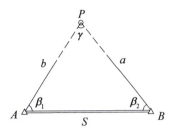

图 D.1.4 两点角度前方交会法

D.1.5 测角侧方交会法的测量原理如图 D.1.5 所示，平面精度可按式（D.1.5）估算：

$$M_P = \pm \frac{m_\beta}{\rho''} S \sqrt{\frac{\sin^2\beta_1 + \sin^2\gamma}{\sin^2\beta_2}} = \pm \frac{m_\beta}{\rho''} \cdot \frac{\sqrt{a^2 + S^2}}{\sin\gamma} \qquad (D.1.5)$$

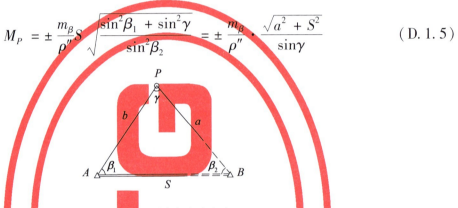

图 D.1.5 测角侧方交会法

D.1.6 测角后方交会法的测量原理如图 D.1.6 所示，平面精度可按式（D.1.6）估算：

$$M_P = \pm \frac{m_\beta b_2}{\rho'' \sin(\gamma + \beta_1 + \beta_2)} \sqrt{\frac{b_1^2}{S_1^2} + \frac{b_3^2}{S_2^2}} \qquad (D.1.6)$$

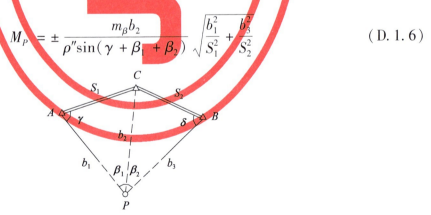

图 D.1.6 测角后方交会法

D.1.7 测边交会法的测量原理如图 D.1.7 所示，平面精度可按式（D.1.7）估算：

$$M_P = \pm \frac{\sqrt{2} m_S}{\sin\gamma} \qquad (D.1.7)$$

式中：m_S——边长丈量中误差（mm）。

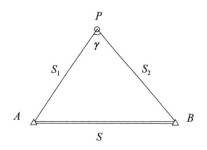

图 D.1.7 测边交会法

D.1.8 边角交会法的测量原理如图 D.1.8-1~图 D.1.8-4 所示，平面精度可按下式估算：

1 边角交会法之一的平面精度可按下式估算：

$$M_P = \pm m_S \sqrt{\frac{S_2^2 + 2K - 2K\cos\gamma}{K(1-\cos\gamma)^2}} \quad (D.1.8-1)$$

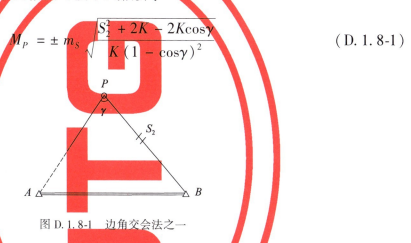

图 D.1.8-1 边角交会法之一

2 边角交会法之二的平面精度可按下式估算：

$$M_P = \pm m_S \sqrt{\frac{2S^2 + 2K - 2K\cos\gamma}{S^2\sin^2\gamma + 2K(1-\cos\gamma)^2}} \quad (D.1.8-2)$$

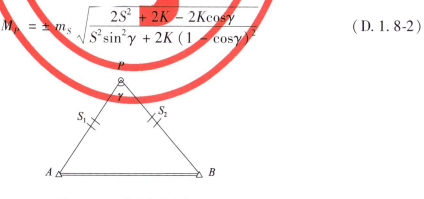

图 D.1.8-2 边角交会法之二

3 边角交会法之三的平面精度可按下式估算：

$$M_P = \pm m_S \sqrt{\frac{S^2 + 2KS^2}{KS^2\cos^2\gamma + KS^2 + K^2\sin^2\gamma}} \quad (D.1.8-3)$$

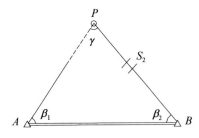

图 D.1.8-3 边角交会法之三

4 边角交会法之四的平面精度可按下式估算:

$$M_P = \pm m_S \sqrt{\frac{S^2 + 2KS^2}{S^2 \sin^2\gamma + 2KS^2(1+\cos\gamma)^2 + K^2 \sin^2\gamma}} \quad (D.1.8\text{-}4)$$

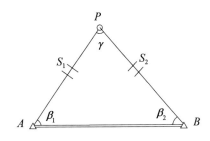

图 D.1.8-4 边角交会法之四

在下列图形中,均设 $S_1 = S_2$。

$$K = \frac{m_S^2 \cdot \rho''^2}{m_\beta^2} \quad (D.1.8\text{-}5)$$

式中:m_S——测边中误差(mm);
m_β——测角中误差(″)。

D.1.9 全站仪三维坐标法的测量如图 D.1.9 所示。三维坐标精度可按下式估算:

$$m_X^2 = m_D^2 \sin^2 Z \cos^2\alpha + \frac{D^2 m_Z^2}{\rho''^2}\cos^2 Z \cos^2\alpha + \frac{D^2 m_\alpha^2}{\rho''^2}\sin^2 Z \sin^2\alpha \quad (D.1.9\text{-}1)$$

$$m_Y^2 = m_D^2 \sin^2 Z \sin^2\alpha + \frac{D^2 m_Z^2}{\rho''^2}\cos^2 Z \sin^2\alpha + \frac{D^2 m_\alpha^2}{\rho''^2}\sin^2 Z \cos^2\alpha \quad (D.1.9\text{-}2)$$

$$m_H^2 = m_D^2 \cos^2 Z + \frac{D^2 m_Z^2}{\rho''^2}\sin^2 Z \quad (D.1.9\text{-}3)$$

式中:D——斜距(mm);
Z——天顶距(″);
α——方位角(″);
m_D——斜距的中误差(mm);

m_Z——天顶距的中误差（″）；

m_α——方位角的中误差（″）。

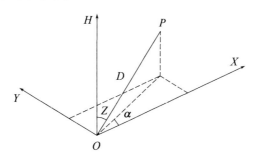

图 D.1.9　全站仪三维坐标法

D.2　高程放样方法

D.2.1　光电测距单向观测三角高程的测量原理如图 D.2.1 所示，计算和精度应符合下列要求：

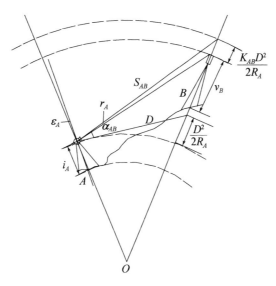

图 D.2.1　光电测距单向观测三角高程

1　光电测距单向观测三角高程按下式计算：

$$h_{AB} = S_{AB}\sin\alpha_{AB} - S_{AB}\cos\alpha_{AB} K_A \frac{D}{2R} + i_A - v_B + \frac{D^2}{2R} \quad (\text{D.2.1-1})$$

式中：S_{AB}——A、B 两点之间的斜距（m）；

　　　D——A、B 两点之间的平距（m）；

　　　α_{AB}——有垂直折光影响的垂直角（″）；

　　　K_A——A 点处在观测方向上的垂直折光角；

　　　i_A——仪器高（m）；

　　　v_B——目标高（m）；

　　　R——地球曲率半径（m）。

2 光电测距单向观测三角高程精度按下式估算：

$$m_h = \pm \sqrt{m_S^2 \sin^2\alpha + \frac{S^2 m_\alpha^2 \cos^2\alpha}{\rho''^2} + \frac{D^4 m_K^2}{4R^2} + m_i^2 + m_v^2} \qquad (D.2.1\text{-}2)$$

式中：m_S——光电测距边长中误差（mm）；
S——光电测距边长（mm）；
α——垂直角（"）；
m_K——大气折光系数测量误差；
m_i——仪器高测定误差（mm）；
m_v——觇标高测定误差（mm）；
R——地球曲率半径（mm）。

D.2.2 光电测距对向观测三角高程的计算和精度估算应符合下列要求：
1 光电测距对向观测三角高程按下式计算：

$$\bar{h}_{AB} = \frac{1}{2}\left[(S_{AB}\sin\alpha_{AB} - S_{BA}\sin\alpha_{BA}) + (i_A - v_B - i'_B + v'_A) - \frac{\Delta K \cdot S_{AB}^2 \cos^2\alpha_{AB}}{2R}\right]$$

$$\qquad (D.2.2\text{-}1)$$

$$\bar{h}_{AB} = \frac{1}{2}\left[(S_{AB}\sin\alpha_{AB} - S_{BA}\sin\alpha_{BA}) + (i_A - v_B - i'_B + v'_A) - \frac{\Delta K \cdot S_{AB}^2 \cos^2\alpha_{AB}}{2R}\right]$$

式中：ΔK——大气折光系数之差。

2 光电测距对向观测三角高程的精度按下式估算：

$$m_{\bar{h}_{AB}} = \pm \sqrt{m_1^2 + m_2^2 + m_3^2 + m_4^2} \qquad (D.2.2\text{-}2)$$

式中：$m_1 = \dfrac{D_{AB} m_\alpha}{\sqrt{2}\rho}$；

$m_2 = \dfrac{m_S}{2}\sqrt{\left(\sin\alpha_{AB} - \dfrac{K_{AB} D_{AB}\cos\alpha_{AB}}{R}\right)^2 + \left(\sin\alpha_{BA} - \dfrac{K_{BA} D_{BA}\cos\alpha_{BA}}{R}\right)^2}$；

$m_3 = \dfrac{1}{2}\sqrt{m_{i_A}^2 + m_{v_B}^2 + m_{i'_B}^2 + m_{v'_A}^2}$；

$m_4 = \dfrac{D_{AB}^2}{4R} m_{\Delta K}$；

$m_{\Delta K}$——大气折光系数之差中误差。

附录 E 自由设站测量

E.1 自由设站法

E.1.1 自由设站法在需要的位置上设站后,应观测测站点到两个或两个以上控制点的水平距离和水平角度,如图 E.1.1 所示。

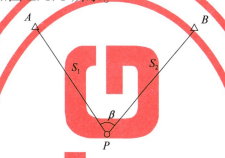

图 E.1.1 自由设站法示意图

E.1.2 自由设站法应根据方向或角度观测值和距离观测值建立方向(角度)误差方程式与边长误差方程式,并按最小二乘原理计算设站点的平面坐标。

E.1.3 自由设站法在仪器高和各照准点棱镜高测定后,应在设站点测量到各照准点的距离和垂直角,并根据各照准点的高程计算设站点的高程。

E.1.4 自由设站法的测量步骤应符合下列规定:
1 选定测站位置架设全站仪,对中整平后确定多个后视照准方向,量取仪器高和目标高。
2 设置仪器常数、温度和气压等仪器参数。
3 输入测站的点名、坐标和高程等已知数据和仪器高。
4 输入照准点的点名、坐标和高程等已知数据和棱镜高。
5 逐点瞄准后视方向观测水平方向、竖直方向和距离。
6 计算并查看测站点的三维坐标、定向值及坐标的标准偏差。
7 调用放样数据,进行三维坐标放样。

E.2 自由设站法的数据处理

E.2.1 自由设站法的平面坐标计算应按下列间接平差模型计算：

$$V = A\hat{x} - L \tag{E.2.1}$$

式中：

$$A = \begin{bmatrix} \dfrac{\rho''\sin\alpha_{PB}^0}{S_{PB}^0} - \dfrac{\rho''\sin\alpha_{PA}^0}{S_{PA}^0} & -\left(\dfrac{\rho''\cos\alpha_{PB}^0}{S_{PB}^0} - \dfrac{\rho''\cos\alpha_{PA}^0}{S_{PA}^0}\right) \\ -\cos\alpha_{PA}^0 & -\sin\alpha_{PA}^0 \\ -\cos\alpha_{PB}^0 & -\sin\alpha_{PB}^0 \end{bmatrix};$$

$$\hat{x} = \begin{bmatrix} \hat{x}_P & \hat{y}_P \end{bmatrix}^T;$$

$$L = \begin{bmatrix} \beta - \beta^0 & S_1 - S_1^0 & S_2 - S_2^0 \end{bmatrix}^T \text{。}$$

E.2.2 自由设站法的点位精度计算应符合下列要求：

1 距离观测中误差应按式（E.2.2-1）计算：

$$\sigma_S = \sqrt{a^2 + (b \cdot S)^2} \tag{E.2.2-1}$$

式中：S——距离观测值（km）；

a——测距固定误差（mm）；

b——测距比例误差。

2 角度和距离的权计算时，可设角度的权为1，距离的权应按式（E.2.2-2）计算：

$$P = \dfrac{\sigma_\beta^2}{\sigma_S^2} \tag{E.2.2-2}$$

式中：σ_β——角度观测中误差（"）；

σ_S——距离观测中误差（mm）。

3 未知参数的估值应按式（E.2.2-3）计算：

$$\hat{x} = (A^T P A)^{-1} A^T P L \tag{E.2.2-3}$$

4 坐标协因数阵应按式（E.2.2-4）计算：

$$Q_{\hat{x}\hat{x}} = (A^T P A)^{-1} \tag{E.2.2-4}$$

5 测站点的点位中误差应按式（E.2.2-5）计算：

$$\hat{\sigma}_p = \sigma_\beta \sqrt{Q_{11} + Q_{22}} \tag{E.2.2-5}$$

附录 F 跨河水准测量照准标志

F.1 觇牌式跨河水准测量照准标志

F.1.1 觇牌式跨河水准测量照准标志应固定在水准标尺上，标志中心位置线应与水准标尺刻划线重合，如图 F.1.1 所示。

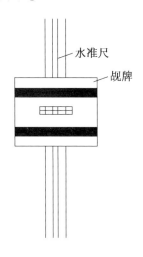

图 F.1.1 觇牌式跨河水准标志

F.1.2 觇牌式跨河水准测量照准标志应由金属等材料制作成表面光滑的方形标志，并根据跨河水准视线长度剪贴或绘制一个具有合适宽度和长度的瞄准标志线，如图 F.1.2 所示。

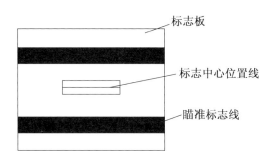

图 F.1.2 觇牌式跨河照准标志组成

F.2 灯体式跨河水准测量照准标志

F.2.1 灯体式跨河水准测量照准标志应固定在水准标尺上，标志中心位置线应与水准标尺刻划线重合，如图 F.2.1 所示。

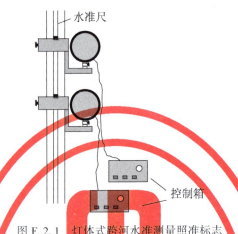

图 F.2.1 灯体式跨河水准测量照准标志

F.2.2 灯体式跨河水准测量照准标志应由灯体、灯体支架、刻划指标、灯体固定螺旋、标志固定螺旋、灯盖、毛玻璃光阑和控制箱组成，如图 F.2.2 所示。

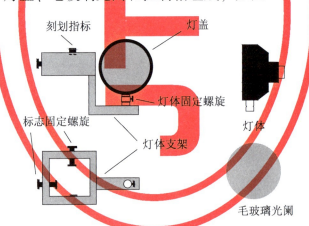

图 F.2.2 灯体式跨河水准测量照准标志组成

F.2.3 灯体式跨河水准测量照准标志可用于昼夜观测的跨河水准测量；夜间观测时，应通过控制箱调节光强形成一个不发散的光斑。

F.3 全站仪顶置双棱镜跨河水准测量照准标志

F.3.1 全站仪顶置双棱镜跨河水准测量照准标志应固定于全站仪顶部把手上，由一高一低两个棱镜组成，如图 F.3.1 所示。

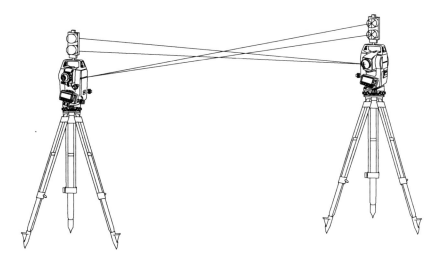

图 F.3.1　全站仪顶置双棱镜跨河水准标志

附录 G GNSS RTK 放样

G.0.1 GNSS RTK 测量技术宜用于工程建设的细部放样，其测量系统应由基准站接收机、流动站接收机、数据传输电台三部分组成。

G.0.2 GNSS RTK 放样时，将基准站接收的相位观测数据及坐标信息通过数据链方式及时传送给流动站，流动站将接收到的数据同自采集的相位观测数据进行实时差分处理，从而获得流动站的实时测量坐标值。流动站应将实时测量坐标值与设计值相比较，实施放样工作。

G.0.3 GNSS RTK 放样的作业流程应符合下列规定：
1 正确连接基准站和流动站线路，打开电子手簿，输入已知控制点的工程坐标和国家大地坐标。
2 将基准站仪器的工作模式设为 RTK 基准站模式，设置基准站的坐标及天线信息等数据。
3 将流动站仪器的工作模式设为 RTK 流动站模式，输入天线信息。接收到基准站发射的信息后，建立动态差分关系。
4 利用控制点的国家大地坐标和工程坐标计算转换参数。
5 将流动站放置到待测点上，数据采集后经差分计算得到待测点的坐标值。调整待测点的位置，直至放样偏差小于放样允许偏差时，完成该点的放样工作。

G.0.4 GNSS RTK 放样测量应符合以下规定：
1 宜先用 RTK 快速静态定位模式进行位置的初步放样，并应对初步放样的平面点位精度进行估算。
2 GNSS RTK 测量的平面点位精度可按式（G.0.4）估算：

$$m = \pm \sqrt{m_A^2 + a^2 + (b \cdot D)^2} \tag{G.0.4}$$

式中：m——预估的 RTK 测量点位置中误差（mm）；
m_A——GNSS 平面控制测量点位中误差（mm）；
a——仪器标称精度水平固定误差（mm）；
b——仪器标称精度水平比例误差；
D——基准站至流动站之间的水平距离（km）。

3 GNSS RTK 放样成果宜采用快速静态定位模式进行校核，亦可用全站仪三维坐标法检核。检测放样点坐标与设计坐标的不符值应不大于 10mm；大于 10mm 时，应根据检测的放样点坐标值，调整放样点位置到精确位置。

4 应选用离 RTK 测量放样点最近的 GNSS 平面控制点，进行放样和检测。检测时，应不少于 2 个大桥 GNSS 平面控制点。

5 RTK 外业测量检查可采用下列方法：

1) 与已知点成果的比对检验。
2) 重测同一点的检验。
3) 已知基线长度测量检验。
4) 不同参考站对同一测点的检验。

G.0.5 GNSS RTK 测量基准站设置应符合下列技术规定：

1 基准站宜设置在桥位测区内视野开阔、地势较高的已知控制点上。
2 基准站上空 5°~15°高度角以上不得有成片的遮挡物。
3 基准站周围 200m 的范围内不得有强电磁波干扰源。
4 基准站应远离电磁波信号反射强烈的地形、地物和大面积水面。

G.0.6 GNSS RTK 放样测量应符合下列规定：

1 RTK 测量的卫星状况应满足表 G.0.6 的要求。

表 G.0.6 RTK 测量的卫星状况要求

观测窗口状态	卫星数	卫星高度角（°）	PDOP 值
良好窗口	>5	>20	≤5
可用的窗口	>4	≥15	≤8
避免观测的窗口	≤4	<15	>8
不能观测的窗口	≤3	—	—

2 测量前应进行卫星预报，以便选取良好观测窗口。
3 测量应在天气良好的状况下进行，应避免雷雨天气。
4 测量前，应至少检查一点已知点，当较差在限差要求范围内时，方可开始 RTK 测量。
5 测量时宜保持坐标收敛值小于 20mm。
6 精确放样时，重复测量放样点应不少于 5 次，互差应小于 20mm，并采用多次观测的平均值作为放样值。
7 RTK 外业观测应做好外业观测记录。

G.0.7 测区转换参数的确定应符合下列规定：

1 测区转换参数的确定应使用不少于 3 个共有国家大地坐标系和工程坐标系坐标

的控制点，利用布尔莎（Bursa）模型解求7个转换参数。Bursa模型可按式（G.0.7）建立：

$$\begin{bmatrix} X_2 \\ Y_2 \\ Z_2 \end{bmatrix} = \begin{bmatrix} X_0 \\ Y_0 \\ Z_0 \end{bmatrix} + (1+\delta_\mu) \begin{bmatrix} X_1 \\ Y_1 \\ Z_1 \end{bmatrix} + \begin{bmatrix} 0 & \varepsilon_Z/\rho'' & -\varepsilon_Y/\rho'' \\ -\varepsilon_Z/\rho'' & 0 & \varepsilon_X/\rho'' \\ \varepsilon_Y/\rho'' & -\varepsilon_X/\rho'' & 0 \end{bmatrix} \begin{bmatrix} X_1 \\ Y_1 \\ Z_1 \end{bmatrix} \quad (G.0.7)$$

式中：X_1、Y_1、Z_1——国家大地坐标系坐标（mm）；

X_2、Y_2、Z_2——工程坐标系坐标（mm）；

X_0、Y_0、Z_0——两个坐标系的平移参数（mm）；

ε_X、ε_Y、ε_Z——两个坐标系的旋转角（"）；

δ_μ——两个坐标系的尺度参数。

2 求解转换参数宜采用下列方法：

1）联测3个或3个以上控制点获得联测点的国家大地坐标。利用联测得到的国家大地坐标值和已知坐标值计算转换参数。

2）使用3个或3个以上具有国家大地坐标和已知工程坐标的控制点，直接解算转换参数。

3 联测已知控制点应选在测区四周及中心，均匀分布，避免选在测区的一端。得到转换参数后，应选用未参加计算的已知点检验转换参数的精度和正确性。

附录 H　CORS 系统运行测试

H.1　系统功能性测试

H.1.1　测试 CORS 参考站应包括数据传输、卫星接收情况、网络解可用性等情况。测试时，应记录控制中心的运行状况：

1　应监视各参考站数据传输是否稳定。通信中断时，记录断开和恢复时间、各站点延时情况。

2　应监视各参考站跟踪卫星情况，记录各站点可用卫星数目少于 5 颗的时段。

3　应监视控制中心端软件解算情况，记录网络解不可用的时刻及持续时间。

H.2　系统指标测试

H.2.1　RTK 实时定位精度测试应包括内符合精度测试和外符合精度测试。实时定位精度测试应选择桥梁工程测区内大致均匀分布的测量控制点。

H.2.2　RTK 实时定位精度测试应符合下列规定：

1　初始化成功得到固定解后即开始记录测量结果，同时记录网络连接时间、初始化时间、卫星 PDOP 值和卫星数；然后断开连接，重新进行初始化，进行 3 次连接和初始化，记录测试数据，进行 CORS RTK 定位精度统计按表 H.2.2-1 填写。

表 H.2.2-1　CORS RTK 定位精度统计表

偏差绝对值 Δb (mm)	内符合 (cm)			偏差绝对值 Δb (mm)	外符合 (cm)		
	x	y	H		x	y	H
平均值				平均值			
最大值				最大值			
$\Delta b < 10$				$\Delta b < 10$			
$10 \leqslant \Delta b < 20$				$10 \leqslant \Delta b < 30$			
$20 \leqslant \Delta b < 30$				$\Delta b \geqslant 30$			

2　采用 RTCM2.3、RTCM3.0 等数据格式播发网络 RTK 数据时，应对每种数据格式分别测试 5 个历元和 60 个历元的 RTK 定位结果，并进行不同数据格式定位精度统计，按表 H.2.2-2 填写。

表 H.2.2-2　不同数据格式定位精度统计表

数据格式	内符合（cm）			外符合（cm）		
	x	y	H	x	y	H
RTCM2.3						
RTCM3.0						

H.2.3　事后静态定位精度测试应在联测控制点上选择 1 个点进行 1h 的静态观测，下载对应时间的 CORS 参考站的观测数据，采用广播星历进行基线解算和平差计算，得到的静态定位坐标与 CORS 坐标联测解算坐标进行对比。

H.2.4　时间可用性测试应符合下列规定：

1　在 CORS 实时动态网络的覆盖范围内，任选多个已知点，进行 24h 的连续观测，采样率 15s，连续记录原始定位结果。

2　根据已知点坐标，得到各历元定位结果的偏差值，以原设计精度的 3 倍为限差，统计超限观测值数量。

3　计算超限观测值数量占全部观测值数量的百分比，若大于 95% 则为合格，否则为不合格。

H.2.5　初始化时间测试应测定建立通信连接直至变成固定解的时间，断开连接重新初始化应不少于 3 次，对每次初始化时间应进行记录，并按表 H.2.5 填写统计初始化时间。

表 H.2.5　初始化时间统计表

序　号	卫星个数	次　数	占总次数百分比	初始化时间	
				平均值	最大值

H.3　测试资料整编

H.3.1　CORS 系统运行测试应提交下列资料：

1　原始观测手簿；
2　观测数据；
3　野外观测工作总结；

4 测试数据统计、处理成果；

5 测试分析报告；

6 图件资料，包括桥梁工程 CORS 网图、测试点位分布图、RTK 各种间隔历元测试结果误差分布图。

附录 J 关于坐标系统和高程基准的定义及转换

J.1 坐标系统定义

J.1.1 大地坐标系应包括 2000 国家大地坐标系、WGS-84 坐标系、1980 西安坐标系、1954 年北京坐标系等,并应符合下列规定:

1 2000 国家大地坐标系的原点为包括固体地球、海洋和大气的整个地球的质心;Z 轴原点指向历元 2 000.0 的地球参考极的方向,该历元的指向由国际时间局给定的历元为 1 984.0 的初始指向推算;X 轴由原点指向格林尼治参考子午线与地球赤道面(历元 2 000.0)的交点;Y 轴与 Z 轴、X 轴构成右手正交坐标系。2000 国家大地坐标系采用的地球椭球长半轴 a 为 6 378 137m,扁率 α 为 1/298.257 222 101,地心引力常数 GM 为 $3.986\,004\,418 \times 10^{14} m^3/s^2$,自转角速度 ω 为 $7.292\,115 \times 10^{-5}$ rad/s。

2 WGS-84 坐标系采用的地球椭球长半轴 a 为 6 378 137m,扁率 α 为 1/298.257 223 563,地心引力常数 GM 为 $3.986\,004\,418 \times 10^{14} m^3/s^2$,自转角速度 ω 为 $7.292\,115 \times 10^{-5}$ rad/s。

3 1980 西安坐标系采用的地球椭球长半轴 a 为 6 378 140m,扁率 α 为 1/298.257。

4 1954 年北京坐标系采用的地球椭球长半轴 a 为 6 378 245m,扁率 α 为 1/298.3。

J.1.2 独立坐标系是指任意选定原点和坐标轴的平面直角坐标系。

J.2 高程基准定义

J.2.1 1956 年黄海高程系统是指采用青岛水准原点、根据青岛验潮站 1950～1956 年的验潮资料计算确定的黄海平均海水面作为基准面所定义的国家高程基准。在此高程基准下,青岛水准原点的高程为 72.289m。

J.2.2 1985 年国家高程基准是指采用青岛水准原点、根据青岛验潮站 1952～1979 年的验潮资料计算确定的黄海平均海水面作为基准面所定义的国家高程基准。在此高程基准下,青岛水准原点的高程为 72.260m。

J.3 坐标转换

J.3.1 由桥梁施工坐标换算到国家坐标应按式(J.3.1)计算:

$$\begin{bmatrix} X_P \\ Y_P \end{bmatrix} = \begin{bmatrix} a \\ b \end{bmatrix} + \begin{bmatrix} x_P \\ y_P \end{bmatrix} \begin{bmatrix} \cos\alpha & -\sin\alpha \\ \sin\alpha & \cos\alpha \end{bmatrix} \tag{J.3.1}$$

式中：x_P、y_P——P 点在 xoy 桥梁施工坐标系中坐标（m）；

X_P、Y_P——P 点在 XOY 国家坐标系中坐标（m）；

a、b——xoy 桥梁施工坐标系原点 o 在 XOY 国家坐标系统中的坐标（m）；

α——同一条边在国家坐标系和桥梁施工坐标系中的坐标方位角之差（°）。

J.3.2 由国家坐标换算到桥梁施工坐标按式（J.3.2-1）计算：

$$\begin{bmatrix} x_P \\ y_P \end{bmatrix} = \begin{bmatrix} X_P - a \\ Y_P - b \end{bmatrix} \begin{bmatrix} \cos\alpha & \sin\alpha \\ -\sin\alpha & \cos\alpha \end{bmatrix} \tag{J.3.2-1}$$

$$\sin\alpha = \frac{(Y_B - Y_A)(x_B - x_A) - (X_B - X_A)(y_B - y_A)}{(x_B - x_A)^2 + (y_B - y_A)^2} \tag{J.3.2-2}$$

$$\cos\alpha = \frac{(Y_B - Y_A)(y_B - y_A) - (X_B - X_A)(x_B - x_A)}{(x_B - x_A)^2 + (y_B - y_A)^2} \tag{J.3.2-3}$$

式中：x_A、y_A——A 点在 xoy 桥梁施工坐标系中坐标（m）；

x_B、y_B——B 点在 xoy 桥梁施工坐标系中坐标（m）；

X_A、Y_A——A 点在 XOY 国家坐标系中坐标（m）；

X_B、Y_B——B 点在 XOY 国家坐标系中坐标（m）。

J.3.3 两坐标系统中长度标准有差异时，在坐标换算公式中应加入长度比 K。坐标转换应符合下列要求：

1 由桥梁施工坐标换算到国家坐标可按式（J.3.3-1）计算：

$$\begin{bmatrix} X_P \\ Y_P \end{bmatrix} = \begin{bmatrix} a \\ b \end{bmatrix} + K \begin{bmatrix} x_P \\ y_P \end{bmatrix} \begin{bmatrix} \cos\alpha & -\sin\alpha \\ \sin\alpha & \cos\alpha \end{bmatrix} \tag{J.3.3-1}$$

2 由国家坐标换算到桥梁施工坐标可按式（J.3.3-2）计算：

$$\begin{bmatrix} x_P \\ y_P \end{bmatrix} = \frac{1}{K} \begin{bmatrix} X_P - a \\ Y_P - b \end{bmatrix} \begin{bmatrix} \cos\alpha & \sin\alpha \\ -\sin\alpha & \cos\alpha \end{bmatrix} \tag{J.3.3-2}$$

$$K = \frac{S_{XOY}}{S_{xoy}} \tag{J.3.3-3}$$

$$S_{xoy} = \sqrt{(x_B - x_A)^2 + (y_B - y_A)^2} \tag{J.3.3-4}$$

$$S_{XOY} = \sqrt{(X_B - X_A)^2 + (Y_B - Y_A)^2} \tag{J.3.3-5}$$

式中：S_{xoy}——在 xoy 桥梁施工坐标系中 A 点到 B 点的水平距离（m）；

S_{XOY}——在 XOY 桥梁施工坐标系中 A 点到 B 点的水平距离（m）。

附录 K 测量仪器高、觇标高的精密方法

K.1 直接测定法

K.1.1 直接测定法应先测定仪器的水平轴（或棱镜和觇牌中心）到调平螺丝上部基座的固定长度 L，可使用游标卡尺或用精密水准仪配以因瓦水准尺或钢板尺采用机械方法予以精确测定。

K.1.2 现场观测时，应测量观测墩顶面或高程标志顶至上部基座面之间的距离；可根据现场测定的距离加上固定长度偏差得到总的仪器高、觇标高。测量仪器高、觇标高的误差应不大于 1mm。

K.2 间接测定法

K.2.1 间接测定仪器高时，应将经纬仪置中于 A 点，水准尺立于 B 点，读出在仪器接近水平视线时的水准尺整数分划读数，并用中丝两测回测定该分划线的垂直角，如图 K.2.1 所示。

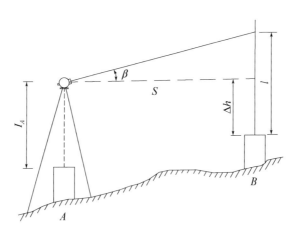

图 K.2.1 间接测定仪器高的示意图

K.2.2 A、B 两点高差应采用相应等级的水准仪测得，可用钢尺量取水平距离 S。仪器水平轴至 B 点标志间的高差 Δh 可按式（K.2.2-1）计算：

$$\Delta h = l - S\tan\beta \quad (\text{K.2.2-1})$$

A 点的仪器高 I_A 可按式（K.2.2-2）计算：

$$I_A = h_{AB} + \Delta h \quad\quad\quad (\text{K.2.2-2})$$

K.2.3 采用 2 秒级全站仪间接测定法测量仪器高或觇牌高，水平距离小于 10m 时，测量仪器高或觇牌高的误差应不大于 0.1mm。

本规范用词用语说明

1 本规范执行严格程度的用词，采用下列写法：

1）表示很严格，非这样做不可的用词，正面词采用"必须"，反面词采用"严禁"。

2）表示严格，在正常情况下均应这样做的用词，正面词采用"应"，反面词采用"不应"或"不得"。

3）表示允许稍有选择，在条件许可时首先应这样做的用词，正面词采用"宜"，反面词采用"不宜"。

4）表示有选择，在一定条件下可以这样做的用词，采用"可"。

2 引用标准的用语采用下列写法：

1）在标准总则中表述与相关标准的关系时，采用"除应符合本规范的规定外，尚应符合国家和行业现行有关标准的规定"。

2）在标准条文及其他规定中，当引用的标准为国家标准和行业标准时，表述为"应符合《××××××》（×××）的有关规定"。

3）当引用本标准中的其他规定时，表述为"应符合本规范第×章的有关规定"、"应符合本规范第×.×节的有关规定"、"应符合本规范第×.×.×条的有关规定"或"应按本规范第×.×.×条的有关规定执行"。

公路工程现行标准规范一览表

(2019年7月)

序号	类别	编号	书名(书号)	定价(元)
1	基础	JTG 1001—2017	公路工程标准体系(14300)	20.00
2		JTG A02—2013	公路工程行业标准制修订管理导则(10544)	15.00
3		JTG A04—2013	公路工程标准编写导则(10538)	20.00
4		JTG B01—2014	★公路工程技术标准(活页夹版,11814)	98.00
5		JTG B01—2014	★公路工程技术标准(平装版,11829)	68.00
6		JTG 2111—2019	小交通量农村公路工程技术标准(15372)	50.00
7		JTG B02—2013	公路工程抗震规范(11120)	45.00
8		JTG/T B02-01—2008	公路桥梁抗震设计细则(13318)	45.00
9		JTG B03—2006	公路建设项目环境影响评价规范(13373)	40.00
10		JTG B04—2010	公路环境保护设计规范(08473)	28.00
11		JTG B05—2015	★公路项目安全性评价规范(12806)	45.00
12		JTG B05-01—2013	公路护栏安全性能评价标准(10992)	30.00
13		JTG/T 3310—2019	公路工程混凝土结构耐久性设计规范(15635)	50.00
14		JTG/T 6303.1—2017	收费公路移动支付技术规范 第一册 停车移动支付(14380)	20.00
15		JTG B10-01—2014	公路电子不停车收费联网运营和服务规范(11566)	30.00
16		交通运输部2011年	公路工程项目建设用地指标(09402)	36.00
17	勘测	JTG C10—2007	★公路勘测规范(06570)	40.00
18		JTG/T C10—2007	★公路勘测细则(06572)	42.00
19		JTG C20—2011	公路工程地质勘察规范(09507)	65.00
20		JTG/T C21-01—2005	公路工程地质遥感勘察规范(0839)	17.00
21		JTG/T C21-02—2014	公路工程卫星图像测绘技术规程(11540)	25.00
22		JTG/T C22—2009	公路工程物探规程(1311)	28.00
23		JTG C30—2015	★公路工程水文勘测设计规范(12063)	70.00
24	设计 — 公路	JTG D20—2017	★公路路线设计规范(14301)	80.00
25		JTG/T D21—2014	公路立体交叉设计细则(11761)	60.00
26		JTG D30—2015	★公路路基设计规范(12147)	98.00
27		JTG/T D31—2008	沙漠地区公路设计与施工指南(1206)	32.00
28		JTG/T D31-02—2013	★公路软土地基路堤设计与施工技术细则(10449)	40.00
29		JTG/T D31-03—2011	★采空区公路设计与施工技术细则(09181)	40.00
30		JTG/T D31-04—2012	多年冻土地区公路设计与施工技术细则(10260)	40.00
31		JTG/T D31-05—2017	黄土地区公路路基设计与施工技术规范(13994)	50.00
32		JTG/T D31-06—2017	季节性冻土地区公路设计与施工技术规范(13981)	45.00
33		JTG/T D32—2012	★公路土工合成材料应用技术规范(09908)	50.00
34		JTG/T 3334—2018	公路滑坡防治设计规范(15178)	55.00
35		JTG D40—2011	★公路水泥混凝土路面设计规范(09463)	40.00
36		JTG D50—2017	★公路沥青路面设计规范(13760)	50.00
37		JTG/T D33—2012	公路排水设计规范(10337)	40.00
38	设计 — 桥隧	JTG D60—2015	★公路桥涵设计通用规范(12506)	40.00
39		JTG/T 3360-01—2018	公路桥梁抗风设计规范(15231)	75.00
40		JTG/T 3360-03—2018	公路桥梁景观设计规范(14540)	40.00
41		JTG D61—2005	公路圬工桥涵设计规范(13355)	30.00
42		JTG 3362—2018	★公路钢筋混凝土及预应力混凝土桥涵设计规范(14951)	90.00
43		JTG D63—2007	公路桥涵地基与基础设计规范(06892)	48.00
44		JTG D64—2015	★公路钢结构桥梁设计规范(12507)	80.00
45		JTG D64-01—2015	公路钢混组合桥梁设计与施工规范(12682)	45.00
46		JTG/T 3364-02—2019	公路钢桥面铺装设计与施工技术规范(15637)	50.00
47		JTG/T D65-01—2007	公路斜拉桥设计细则(1125)	28.00
48		JTG/T D65-04—2007	公路涵洞设计细则(06628)	26.00
49		JTG/T D65-05—2015	公路悬索桥设计规范(12674)	55.00
50		JTG/T D65-06—2015	公路钢管混凝土拱桥设计规范(12514)	40.00
51		JTG 3370.1—2018	公路隧道设计规范 第一册 土建工程(14639)	110.00
52		JTG/T D70—2010	★公路隧道设计细则(08478)	66.00
53		JTG D70/2—2014	公路隧道设计规范 第二册 交通工程与附属设施(11543)	50.00
54		JTG/T D70/2-01—2014	公路隧道照明设计细则(11541)	35.00
55		JTG/T D70/2-02—2014	公路隧道通风设计细则(11546)	70.00
56	交通工程	JTG D80—2006	高速公路交通工程及沿线设施设计通用规范(0998)	25.00
57		JTG D81—2017	公路交通安全设施设计规范(14395)	60.00

续上表

序号	类别		编号	书名（书号）	定价（元）
58	设计	交通工程	JTG/T D81—2017	公路交通安全设施设计细则（14396）	90.00
59			JTG D82—2009	公路交通标志和标线设置规范（07947）	116.00
60		综合	交办公路〔2017〕167号	国家公路网交通标志调整工作技术指南（14379）	80.00
61			交公路发〔2007〕358号	公路工程基本建设项目设计文件编制办法（06746）	26.00
62			交公路发〔2015〕69号	公路工程特殊结构桥梁项目设计文件编制办法（12455）	30.00
63	检测		JTG E20—2011	公路工程沥青及沥青混合料试验规程（09468）	106.00
64			JTG E30—2005	公路工程水泥及水泥混凝土试验规程（13319）	55.00
65			JTG E40—2007	★公路土工试验规程（06794）	90.00
66			JTG E41—2005	公路工程岩石试验规程（13351）	30.00
67			JTG E42—2005	公路工程集料试验规程（13353）	50.00
68			JTG E50—2006	★公路工程土工合成材料试验规程（13398）	40.00
69			JTG E51—2009	公路工程无机结合料稳定材料试验规程（08046）	60.00
70			JTG E60—2008	公路路基路面现场测试规程（07296）	50.00
71			JTG/T E61—2014	公路路面技术状况自动化检测规程（11830）	25.00
72	施工	公路	JTG F10—2006	公路路基施工技术规范（06221）	50.00
73			JTG/T F20—2015	★公路路面基层施工技术细则（12367）	45.00
74			JTG/T F30—2014	公路水泥混凝土路面施工技术细则（11244）	60.00
75			JTG/T F31—2014	公路水泥混凝土路面再生利用技术细则（11360）	30.00
76			JTG F40—2004	★公路沥青路面施工技术规范（05328）	50.00
77			JTG F41—2008	公路沥青路面再生技术规范（07105）	40.00
78		桥隧	JTG/T F50—2011	★公路桥涵施工技术规范（09224）	110.00
79			JTG/T 3650-02—2019	特大跨径公路桥梁施工测量规范（15634）	80.00
80			JTG/T F81-01—2004	公路工程基桩动测技术规程（14068）	30.00
81			JTG F60—2009	公路隧道施工技术规范（07992）	55.00
82			JTG/T F60—2009	公路隧道施工技术细则（07991）	70.00
83		交通	JTG F71—2006	★公路交通安全设施施工技术规范（13397）	30.00
84			JTG/T F72—2011	公路隧道交通工程与附属设施施工技术规范（09509）	35.00
85	质检安全		JTG F80/1—2017	公路工程质量检验评定标准 第一册 土建工程（14472）	90.00
86			JTG F80/2—2004	公路工程质量检验评定标准 第二册 机电工程（05325）	40.00
87			JTG G10—2016	公路工程施工监理规范（13275）	40.00
88			JTG F90—2015	★公路工程施工安全技术规范（12138）	68.00
89	养护管理		JTG H10—2009	公路养护技术规范（08071）	60.00
90			JTJ 073.1—2001	公路水泥混凝土路面养护技术规范（13658）	20.00
91			JTG H11—2004	公路桥涵养护规范（05025）	40.00
92			JTG H12—2015	公路隧道养护技术规范（12062）	60.00
93			JTG 5142—2019	公路沥青路面养护技术规范（15612）	60.00
94			JTG/T 5190—2019	农村公路养护技术规范（15430）	30.00
95			JTG 5210—2018	公路技术状况评定标准（15202）	40.00
96			JTG 5421—2018	公路沥青路面养护设计规范（15201）	40.00
97			JTG/T H21—2011	★公路桥梁技术状况评定标准（09324）	46.00
98			JTG H30—2015	公路养护安全作业规程（12234）	90.00
99	加固设计与施工		JTG/T J21—2011	公路桥梁承载能力检测评定规程（09480）	20.00
100			JTG/T J21-01—2015	公路桥梁荷载试验规程（12751）	40.00
101			JTG/T J22—2008	公路桥梁加固设计规范（07380）	52.00
102			JTG/T J23—2008	公路桥梁加固施工技术规范（07378）	40.00
103			JTG/T 5440—2018	公路隧道加固技术规范	70.00
104	改扩建		JTG/T L11—2014	高速公路改扩建设计细则（11998）	45.00
105			JTG/T L80—2014	高速公路改扩建交通工程及沿线设施设计细则（11999）	30.00
106	造价		JTG 3810—2017	公路工程建设项目造价文件管理导则（14473）	50.00
107			JTG 3820—2018	公路工程建设项目投资估算编制办法（14362）	60.00
108			JTG/T 3821—2018	公路工程估算指标（14363）	120.00
109			JTG 3830—2018	公路工程建设项目概算预算编制办法（14364）	60.00
110			JTG/T 3831—2018	公路工程概算定额（14365）	270.00
111			JTG/T 3832—2018	公路工程预算定额（14366）	300.00
112			JTG/T 3833—2018	公路工程机械台班费用定额（14367）	50.00
113			JTG/T M72-01—2017	公路隧道养护工程预算定额（14189）	60.00

注：JTG——公路工程行业标准体系；JTG/T——公路工程行业推荐性标准体系。

批发业务电话：010-59757973；零售业务电话：010-85285659（北京）；网上书店电话：010-59757908；业务咨询电话：010-85285922，85285930。